Kowalke & Co. Verlag

JÖRG AUFENANGER

Hier war Goethe nicht

BIOGRAPHISCHE EINZELHEITEN
ZU GOETHES ABWESENHEIT

Kowalke & Co. Verlag

© Kowalke & Co. Verlag, Berlin 1999
Alle Rechte vorbehalten
Satz: deutsch-türkischer fotosatz, Berlin
Druck und Einband: Wiener Verlag, Himberg
Printed in Austria
ISBN 3-932191-10-2

Hier war Goethe nicht

Reist man wachen Auges durch Deutschland, findet man in vielen Städten an Häusern, Plätzen und Straßen Plaketten, die sagen, »Hier war Goethe«, und man fragt sich: wo war er denn nicht?

»Hier war Goethe nicht« zählt nicht Orte auf, an denen er nicht war. Vielmehr erzählt das Buch davon, welche Orte, welche Städte, welche Länder der Dichter versäumt, verpaßt oder gemieden hat.

Und es fragt nach dem Warum.

Johann Wolfgang von Goethe gilt als ein vielgereister Mensch in seiner Zeit. Und man hat sich die Mühe gemacht, es vorzurechnen. Zwischen 1765 und 1823 soll er auf 182 Reisen 37 765 Kilometer zurückgelegt haben. So hätte er, in km gerechnet, fast einmal die Erde umkreist. Und doch war Goethe kein Weltreisender. Viele Kilometer hat er innerhalb Thüringens als Minister auf Inspektionsreisen zurückgelegt und auf seinen zahlreichen Fahrten zwischen Weimar und Jena. Entfernte er sich weiter von Weimar, so betrat er immer wieder die gleichen Pfade, die an Rhein und Main, dreimal die in die Schweiz und siebzehnmal die nach Böhmen. Zweimal war er in Italien gewesen, ist gar bis nach Sizilien gekommen. Er streifte die östlichen Gefilde Frankreichs, war einmal in Berlin, gezwungenermaßen und ungern, und haßte seitdem die Stadt.

Die Zentren der damaligen Welt, Paris, London, Wien und Petersburg, hat er indes gemieden. Hier war Goethe nicht.

Der Versuch, davon zu erzählen, wo Goethe war und wo er nicht war, was er verpaßt, versäumt oder vermieden hat, wird unweigerlich biographisch sein. Die Gründe, warum er da war und dort nicht, warum er geflohen ist oder an bestimmte Orte nie zurückgekehrt ist, haben mit seinem Leben und seinem Wesen zu tun und mit Menschen, zu denen er fuhr, nicht fuhr oder nicht mehr fuhr.

Christoph Martin Wieland hat Weimar mit dem Berg Ararat verglichen, wo die guten Menschen Fuß fassen könnten, während die übrige Welt von der Sintflut bedeckt werde. Paul Valery hat Weimar im Goethejahr 1932 Goethes St. Helena, seine Insel, genannt.

Wenn der Dichter also reiste, mußte er Weimar, den Ort, der sein Leben bestimmte, verlassen. Und er mußte dorthin zurückkehren. Jede Reise gibt so den Anlaß, biographische Einzelheiten zu erzählen, Stationen seines Lebens zu beschreiben. Jede Reise, die er nicht macht, jeder Ort, den er versäumt oder meidet, geben ebenso oder erst recht Ursache dazu.

Sein Verschwinden, seine Fluchten, seine Abwesenheit waren Wendepunkte im Leben des Dichters. Jede Bewegung des Reisens entsteht aus inneren Bewegtheiten oder ruft sie hervor.

Fragt man, warum fuhr Goethe 1779 zweimal an Sesenheim vorbei, warum kam er nie nach Uetersen bei Hamburg, warum schaute er zweimal vom Gotthard nach Italien hinunter und ging nicht in den Süden, warum war er nie in Baden-Baden, nie in Triebnitz, warum reiste er nie nach Wien oder Paris, und warum hat er nicht in Rom seine letzte Ruhe gefunden, so erfährt man ex negativo etwas über das Leben und das Wesen des Dichters, dessen man bisher nicht gewahr wurde.

Als Franz Kafka sich ab 1910 mit Goethe beschäftigt, überlegt er zwei Jahre später, kurz bevor er Weimar besucht, einen Aufsatz über das »entsetzliche Wesen« des Dichters zu schreiben. Nähert man sich Goethe über seine Abwesenheit von Orten und Menschen, so erfährt man einiges über dieses »entsetzliche Wesen«, aber auch, warum es uns entsetzlich erscheint und warum doch daraus ein großes Werk entstanden ist.

»Die Abwesenheit machte mich frei«, hat er in »Dichtung und Wahrheit« geschrieben.

Erfahren hat er die Freiheit der Abwesenheit zumeist erst dann, wenn er zuvor anwesend war oder einen Schritt in jene Richtung getan hat, in der ein Ort oder eine Frau auf ihn wartete, um ihn dann wieder wegzulenken.

Daraus ergibt sich eine Konstante in den Bewegungen Goethes, im Vor und Zurück, im Hin und Her, die Einkreisung vermeiden sollen. Am Ende führt das zu jener Abwesenheit, die ihn frei macht.

Davon erzählen Tagebuch, biographische Schriften, Briefe und seine Gedichte, die er ja oft selbst als Gelegenheitsgedichte bezeichnet hat. Sie sind im Moment der Bewegung eines Hin und Her verfaßt, die Bewegtheit hervorruft. Die »Marienbader Elegie«, die Gedichte aus dem »Buch der Liebe«, die »Sesenheimer Lieder«, die Gedichte an Lili aus der Schweiz sind in diesen Momenten entstanden.

»Wo ist Goethe?« haben Friederike Brion, Auguste zu Stolberg, Lili Schönemann, Charlotte von Stein, Marianne von Willemer sich oft gefragt.

»Da ist Goethe!« rufen Rahel von Varnhagen oder Lili Parthey, als sie ihn endlich zu Gesicht bekommen.

Zumeist aber ist er abwesend, hat sich abgewendet, hat Distanz geschaffen, flieht zurück nach Weimar, rettet sich in seine »einsame Schmiede.« Man kann sich nur durch Tätigkeit retten, sagt Goethe, und die gilt seinem Werk, das er nur in Abwesenheit von anderen schaffen kann.

Reist man aber, so muß man einen großen Zweck haben, stellt er mit der Einsicht eines langen Lebens fest. Und er weiß das, was ein großer Reisender des 20. Jahrhunderts, Paul Morand, über die Widersprüchlichkeit des Reisens sagen wird: »Der, der reist, wird innerlich zerrissen, der, der zu Hause bleibt, zerfällt in Stücke«.

Als Johann Wolfgang von Goethe 1797 zu seiner dritten Schweizer Reise aufbricht, die er mit dem aus Italien kommenden Johann Heinrich Meyer, auch »Kunst-Meyer« genannt, unternimmt, stellt er unterwegs in Tübingen fast verwundert fest:

»Durch die Gelassenheit, womit ich meinen Weg mache, lerne ich, freilich etwas spät, noch reisen«.

Immerhin hatte der da achtundvierzigjährige Goethe zuvor schon zweimal die Schweiz bereist, hatte es im vierten Anlauf endlich geschafft, Italien zu besuchen, war von Rom aus durch Sizilien gewandert und gefahren, hatte in seiner Straßburger Studentenzeit das Elsaß durchstreift, war in Berlin gewesen und in Böhmen.

Wie nur war Goethe bis dahin gereist?

Alle Reisen zuvor waren keine Reisen gewesen, es waren Fahrten zu bestimmten Orten, waren Fluchten oder Unternehmungen, auf denen er Herzog Carl August von Sachsen-Weimar begleiten mußte.

Die ersten Fahrten führten zu seinen Studienorten nach Leipzig, wobei er gleich einen Unfall hatte, als bei Auerstädt der Wagen steckenblieb, und nach Straßburg. Seine erste Schweizer Reise 1775 war eine Flucht vor seiner Verlobten Lili Schönemann, in der er sich selbst auf die Probe stellte, ob er ohne sie leben könnte. Er konnte nicht und flüchtete wieder zu ihr zurück.

Die zweite Schweizer Reise 1779 unternahm er zusammen mit Herzog Carl August, eine Art Bildungsreise für den jungen Regenten, auf der der junge Dichter einige Male erwog, sich von seinem Freund und Gönner zu trennen, um nach Italien zu gehen oder zurück nach Weimar. Man kehrte zusammen nach Weimar zurück. Seine Italienreise 1786 war wieder eine Flucht, eine vor der für ihn als Dichter unbefriedigenden Situation am Hof und vor der belastenden Liebe zu Charlotte von Stein. Es war keine Reise, sondern eine heimliche »unterirdische« Fahrt im Eiltempo mit nur einem Ziel, Rom.

Alle Fahrten Goethes, die er von Frankfurt oder von Weimar aus macht, stehen unter dem Zwang, irgendwohin zu müssen, sind so keine selbstbestimmten Reisen. Sie sind bestimmt von dem inneren Zwang, den Goethe in sich spürt, gleich wieder zurückkehren zu müssen, dem Druck einer gegenteiligen Bewegung also. Die dritte Schweizer Reise hingegen ist freiwilliger Entschluß zu reisen. Sie ist lange vorbereitet, und Goethe nimmt sich erstmals die Zeit zu reisen. Und doch selbst sie setzt er nur fort, weil er sie einmal begonnen hat. In einem Brief an seine Gefährtin Christiane Vulpius kündigt er mehrfach baldige Rückkehr an und beteuert, dies sei seine letzte große Reise. Sie wird es auch sein.

Was ihn in der Schweiz noch hält, ist vor allem das Talkgestein, das ihn mehr interessiert als Orte und Menschen. Und es sind die Gespräche mit »Kunst-Meyer«, peripatetische Wanderungen der beiden Freunde durch die Schweizer Berge, auf denen sie Fragen der Kunst erörtern und Erinnerungen an Italien austauschen, wo sie sich kennengelernt haben.

»Für einen Reisenden geziemt sich ein skeptischer Realismus«, diktiert Goethe seinem Diener Ludwig Geist auf der Fahrt durch die Schweiz.

Endlich reisen gelernt zu haben, meint für ihn, daß er noch selektiver schaut als bisher, nur noch das sieht, was ihn interessiert, ohne einen Blick haben zu wollen von der Welt als Gesamtes mit ihren Menschen.

»Die Schweiz machte auf mich einen so großen Eindruck, daß ich dadurch verwirrt und beunruhigt wurde. Erst bei meinem wiederholten Aufenthalt, erst in späteren Jahren, wo ich die Gebirge nur in mineralogischer Hinsicht betrachtete, konnt ich mich ruhig mit ihnen befassen.«

Hatten die bisherigen Reisen Goethe verwirrt und beunruhigt, weil sie auch innere Bewegtheit hervorriefen, der er nicht Herr werden konnte, so hat er nun den Zweck des Reisens gefunden. Die Gelassenheit, mit der Goethe jetzt reist, meint die, mit der er sich seinen naturwissenschaftlichen Studien widmen kann. Alles andere kann den selektiven Blick stören:

»Man wünscht eine längere Zeit des Aufenthalts genießen zu können. Doch unterbricht die Häßlichkeit der Städte und der Menschen die angenehmen Empfindungen, welche die Landschaft erregt gar sehr.«

Der Humanist und »Welt- und Menschenkenner«, als den Goethe sich sieht, fährt fort:

»Die Menschen sind auch unter den Gegenständen der Natur, besonders im Vorübergehen, minder merkwürdig.«

Die Legende, Goethe sei ein großer Reisender, die immer wieder vertreten wird, hat er selbst widerlegt. Goethe kann nicht reisen, auch nicht nach seiner Feststellung, er könne es jetzt. So ist die dritte Schweizer Reise auch seine letzte große Reise gewesen.

Jahre später sagt er zu seinem Sekretär Johann Peter Eckermann:

»Wen nicht große Zwecke in die Fremde treiben, der bleibt weit glücklicher zu Hause.«

Die großen Zwecke gibt es für Goethe seit 1797 nicht mehr. Er ist behaglich in Weimar. Wenn er es verläßt, dann nur noch, um in die böhmischen Bäder zu reisen, dort Steine zu sammeln, Sprudel zu trinken und gesellschaftlichen Umgang zu haben, um zu sehen und gesehen zu werden, um bewundert zu werden. Zweimal verläßt er noch die Stadt an der Ilm, fährt an Rhein und Main, Freunde besuchen.

Bei der dritten Fahrt dorthin stürzt sein Wagen kurz hinter Weimar um. Fast erleichtert kehrt Goethe nach Hause zurück. Von da an ist nur noch Böhmen Reiseziel.

In Wahrheit hat Goethe die Fremde nie geliebt, ja, er hat sie gemieden. Fremd war für ihn schon Berlin gewesen, »ein gottloser Ort«, ein »Sodom«, das er 1778 zusammen mit Herzog Carl August in politischer Mission besucht hatte. Vor allem aber war jedes Land anderer Sprache und Kultur, wenn es nicht durch die Antike verklärt war, fremd, seine Menschen ihm verdächtig, seine Küche. Wie hat er sich in der Fremde nach dem guten deutschen Braten gesehnt, und wie nach der Ordnung seiner Heimat.

»Ich gehe und mein Herz bleibt«, schreibt Goethe an Charlotte von Stein, noch im Moment der Flucht vor ihr. Er spürt in jedem Moment seiner Bewegung von ihr und von Weimar weg Richtung Italien den Zug der gegenseitigen Bewegung dorthin, woher er gerade kommt.

Jede Bewegung eines Hin birgt in sich sogleich die eines Her. Zweimal hatte Goethe am Scheideblick nach Italien gestanden, zweimal setzte er zum Schritt hinunter in das Land seiner Sehnsucht an, zweimal schauderte ihn vor der Fremde, zweimal zog er den Fuß zurück und wandte sich um, ging dahin zurück, von wo er gekommen war. Macht Goethe einen Schritt auf jemanden zu, vor allem auf eine Frau, spürt er in sich schon den Schritt, der zurück will, den er dann auch geht. Ob sie Friederike, Lili, Charlotte oder Marianne heißen, jede Bewegung auf sie zu trägt in sich die Flucht. Und manchmal folgt der Flucht weg sogar die Flucht wieder hin zu ihr.

Der Dichter ist sich selbst ein Hindernis gewesen, eins, das ihn hindert, dorthin oder dahin zu reisen. So hat er Orte und Menschen versäumt, verpaßt, oft auch vermieden.

»Goethe ging ab und zu, ohne sich einkreisen zu lassen«, schreibt Graf Kaspar von Sternberg 1827, als er mit ihm auf Schloß Belvedere bei Weimar weilt, und trifft mit der Bemerkung das Wesen des Dichters.

»Ab und zu« und »Hin und weg« sind Goethes Bewegungsmuster, um sein Ich zu schützen gegen jeden Strudel des Lebens, der ihn von ihm selbst und von seinem Werk wegziehen könnte.

Was wird mir jede Stunde so bang?
Das Leben ist kurz, der Tag ist lang.
Und immer sehnt sich fort das Herz,
Ich weiß nicht recht, ob himmelwärts;
Fort aber will es hin und hin,
Und möchte vor sich selber fliehn.

Und fliegt es an der Liebsten Brust,
Da ruht's im Himmel unbewußt;
Der Lebestrudel reißt es fort,

Und immer hängt's an Einem Ort;
Was es gewollt, was es verlor,
Es bleibt zuletzt sein eigner Tor.

Die Unbestimmtheit des Herzens macht ihm Angst, die er vor allem vor dem Strudel der Liebe hat.

Einmal aber hat der ihn gepackt, 1823, als es nur eine Bewegung des Hin gibt, Hin zu ihr. Das war in Marienbad, als Goethe, wie sein Freund, der Komponist Karl Friedrich Zelter, sagt, »Lieb im Leib« hat, die Liebe zur der jungen Ulrike von Levetzow, die er gar heiraten will. Das Mädchen aber nimmt Reißaus nach Karlsbad. Er fährt ihr hinterher. Bis dahin sind die Frauen hinter ihm hergefahren, und er ist geflohen. Aber seine Verfolgung ist vergeblich, sie weist ihn höflich ab. Erst als er in der Kutsche zurück nach Weimar sitzt, kann er mit zunehmender Entfernung Fassung gewinnen, dichtend. Seine Kutsche ist ausgestattet mit einem kleinen Schreibpult, und so schreibt er die Geschichte seiner Entsagung der Liebe in der »Marienbader Elegie« nieder. Als er in Weimar ankommt, ist sie beendet. Von nun an wird er keine Reise mehr antreten, auch nicht in das geliebte Böhmen.

Immer wenn Goethe eine Reise unternommen hat, ist es eine zu seinem Ich und zu seinem Werk gewesen. Als er nach Frankfurt zu Marianne von Willemer fährt, schreibt er in der Kutsche die Gedichte für »Das Buch der Liebe«, Teil des »West-östlichen Divan.« Er schaut weder rechts noch links, schaut vielleicht in die Wolken, vielleicht auf die Gesteinsarten am Rande des Wegs, aber der »Reise-Segen« gilt seinem Inneren, aus dem das Werk entsteht.

Sei die Zierde des Geschlechts
Blicke weder links noch rechts;
Schaue von den Gegenständen
In dein Innerstes zurück;
Sicher traue deinen Händen,
Eignes fördre, Freundes Glück.

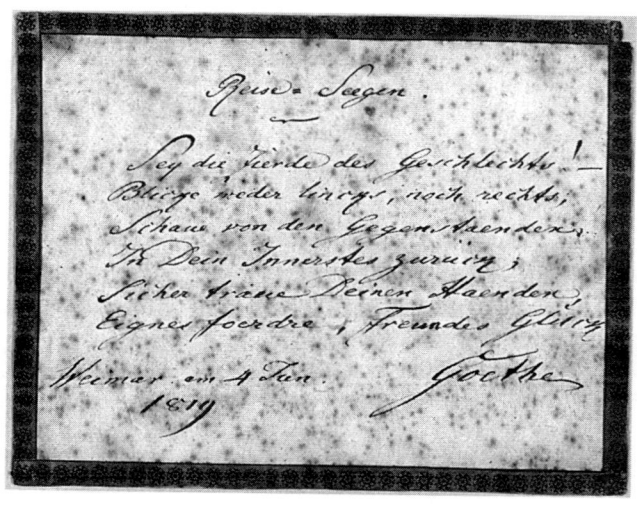

»Reise-Segen«
Handschrift von Johann Wolfgang von Goethe

Der Weg nach Sesenheim geht nach rechts. Doch die Kutsche, in der Johann Wolfgang Goethe am 23. Mai 1775 sitzt, nimmt den Weg geradeaus.

Er reist nach Straßburg, will von dort in die Schweiz. Von Karlsruhe kommend, wo er eine schicksalsbestimmende Begegnung mit Herzog Carl August von Weimar gehabt hat, gelangt er zu der Kreuzung, von der der schmalere Pfad nach Sesenheim führt. Als er bei der Rückreise aus der Schweiz von Straßburg aus auf der sogenannten Rheinstraße fährt, führt der Weg nach Sesenheim seitwärts nach links.

Aber auch jetzt biegt er nicht ab, er fährt weiter Richtung Speyer. Wir wissen es nicht, aber wir können vermuten, daß Goethe an dieser Kreuzung an Friederike Brion gedacht hat, an die Wochen, die er 1770/71 mit ihr in Sesenheim verbracht hat. Einen »Horizont von Glückseligkeiten« hat er die Zeit an ihrer Seite genannt.

Am 7. August 1771 hatte Goethe Friederike Brion verlassen, wohl wissend, daß er ihr das Herz brach.

Zweimal nimmt er vier Jahre später den Umweg von wenigen tausend Metern nicht, um die einst Geliebte wiederzusehen.

Er fährt nicht nach Sesenheim.

Friederike Brion wird es nicht erfahren haben, daß die große und wohl einzige Liebe ihres Lebens an eben jenen beiden Tagen ihr so nahe war.

Erst im September 1779, als Goethe wieder in die Schweiz

fährt, nimmt er den Umweg über Sesenheim, traut sich, ihr wieder ins Gesicht zu schauen. Acht Jahre sind da vergangen seit jenem Tag im Oktober 1770, als er Friederike Brion zum ersten Mal erblickte. Er war einundzwanzig Jahre alt, sie drei Jahre jünger. Ende Mai desselben Jahres war Johann Wolfgang Goethe von Frankfurt nach Straßburg gefahren, ohne Aufenthalt und in kurzer Zeit, wie er sich noch Jahrzehnte später erinnern kann. Auf Wunsch des Vaters sollte er dort sein in Leipzig begonnenes Studium der Rechte beenden. Kaum angekommen, bestieg er das Münster, um Aussicht zu halten über die Stadt und das Land.

»Und so sah ich denn von der Plattform die schöne Gegend vor mir, in welcher ich eine Zeitlang wohnen und hausen durfte, die ansehnlichste Stadt, die weitumherliegenden, mit herrlichen dichten Bäumen besetzten und durchflochtenen Auen, den auffallenden Reichtum der Vegetation, der dem Laufe des Rheins folgend, die Ufer, Inseln und Werder bezeichnet.«.

Die Ufer und Inseln des Rheins wird Goethe Monate später mit Friederike an der Hand und in ihren Armen kennenlernen. Erstmal aber ist er enttäuscht von Straßburg, obwohl man ihm ein »heiteres und lustiges Leben« dort versprochen hat. Dem Leipziger Studienfreund Johann Christian Limprecht schreibt er:

»Fünfzehn Tage bin ich nun hier, und finde Straßburg nicht ein Haar besser noch schlimmer als alles, was ich auf der Welt kenne, das heißt sehr mittelmäßig und das doch gewisse Seiten hat, die einen zum Guten und Bösen in Bewegung setzen und aus seiner gewöhnlichen Lage bringen können.«

Viel auf der Welt kennt Goethe noch nicht, mit dem er Straßburg vergleichen könnte. Er kennt seine Geburtsstadt Frankfurt und die Umgebung, dann seinen ersten Studienort Leipzig, ein wenig Dresden, Mannheim und Worms.

Das ist die bis dahin ihm bekannte Welt. Alles andere hat er nur aus seiner Lektüre in der umfangreichen Bibliothek seines Vaters und aus dessen Erzählungen kennengelernt, war doch Vater Goethe immerhin in Paris, wohin der Sohn nie kommen würde, und in Italien gewesen. In Straßburg, das zu jener Zeit zu Frankreich gehört und das Goethe »das elsässische Halbfrankreich« nennt, hat er, der sich in seiner Frankfurter Jugend stark für die französische Literatur interessiert hatte und ein passables Französisch spricht, fast ausschließlich Kontakt zu deutschen und elsässischen Studenten. Goethe hat sich in der Pension der Damen Lauth einquartiert, eines »Paars alter Jungfrauen.« Hier in der Pension »Zum Geist« trifft man sich, redet und diskutiert in der »Gesellschaft der schönen Wissenschaften«, die von dem Popularphilosophen Johann Daniel Salzmann geleitet wird. Dieser ist fast fünfzig Jahre alt, wird aber dennoch Goethes engster Vertrauter. Ihm wird der Einundzwanzigjährige auch von seiner Liebesgeschichte mit Friederike erzählen und von Sesenheim aus brieflich berichten. Schon in seiner Studienzeit in Leipzig hatte er in Ernst Wolfgang Behrisch einen um elf Jahre älteren Freund, dem er seine Schwärmereien für Anna Katharina Schönkopf oder Friederike Oeser anvertraute.

Straßburg ist für Goethe auch die Stadt, in der er den fünf Jahre älteren Johann Gottfried Herder zufällig trifft, als er aus der Pension »Zum Geist« tritt. Der kommt gerade von einer Reise aus England, berichtet begeistert aus dem Land, das Goethe nie sehen wird. Er bringt dem Jurastudenten mit literarischen Ambitionen Shakespeare nahe, animiert ihn dazu, Homer zu lesen und Ossian. Herder will eine deutsche Nationalliteratur. Beide verbringen miteinander Tage in angeregter Diskussion. Aber Goethe ist froh, als Herder Straßburg wieder verläßt. Ihm steht der Sinn nach anderem. Ihm fehlt etwas. Er vermißt die Geselligkeit, das Vergnügen, er vermißt die Mädchen. All das hatte er in Leipzig genossen. Er besucht die Tanzböden der Stadt und Privatbälle in Landhäusern vor den Toren Straßburgs. Er lernt zwei Töchter eines französischen Tanzmeisters kennen. Beide umgarnen den smarten hochgewachsenen Studenten. Eins der beiden Mädchen geht aufs Ganze, wie Goethe vierzig Jahre später in »Dichtung und Wahrheit«, wie wahr es auch immer gewesen sein mag, erzählt:

»Sie faßte mich ganz eigentlich beim Kopf, indem sie mir mit beiden Händen in die Locken fuhr, mein Gesicht an das ihre drückte und mich zu wiederholten Malen auf den Mund küßte. ›Nun‹ rief sie aus, ›fürchte meine Verwünschung: Unglück über Unglück für immer und immer auf diejenige, die zum ersten Male nach mir diese Lippen küßt …‹ Ich floh die Treppe hinunter mit dem festen Vorsatze, das Haus nie wieder zu betreten.«

Goethe flieht die raffinierte, die entschlossene Frau, die fordernde Frau. Tändeln ja, äugeln ja. Zu einem Flirt ist er jederzeit bereit, aber die Flucht muß rechtzeitig möglich sein. Die nächste, die Goethes Lippen küssen wird, wird die Tochter eines Landpfarrers sein, Friederike Brion.

Im Juni 1770 macht sich Goethe auf, das Elsaß und Lothringen zu Fuß und zu Pferd zu erkunden. Die Reise wird ihm zu einem Erlebnis. Zum ersten Mal empfindet er die Größe der Natur unmittelbar. An eine Freundin seiner Schwester Cornelia, an Katharina Fabricius, berichtet er:

»Wie ich so rechter Hand über die grüne Tiefe hinaussah und der Fluß in der Dämmerung so graulich und still floss und linkerhand die schwere Finsternis des Buchenwaldes vom Berg über mich herabhing, wie um die dunklen Felsen durchs Gebüsch die leuchtenden Vögelchen still und geheimnisvoll zogen, da wurd's in meinem Herzen so still wie in der Gegend.«

Und weiter raisonniert Goethe, anknüpfend an die Naturempfindung:

»Welch ein Glück ist's ein leichtes, ein freies Herz zu haben! Mut treibt uns an Beschwerlichkeit, an Gefahren; aber große Freuden werden nur mit großer Mühe erworben. Und das ist vielleicht das meiste, das ich gegen die Liebe habe; man sagt, sie mache mutig. Nimmermehr! Sobald unser Herz weich ist, ist es schwach, wenn es ganz warm an seine Brust schlägt, und die Kehle wie zugeschnürt ist, und man Tränen aus den Augen zu drücken sucht, und in einer unbegreiflichen Wonne dasitzt, wenn sie fließen. O da sind wir so schwach, daß uns Blumenketten fesseln, nicht, weil sie durch irgendeine Zauberkraft stark sind, sondern weil wir zittern sie zu zerreißen … Wenn ich Liebe sage, so verstehe ich die wiegende Empfindung, in der unser Herz schwimmt, immer auf einem Fleck sich hin und her bewegt … Wir sind wie Kinder auf dem Schaukelpferd immer in Bewegung, immer in Arbeit, und nimmer vom Fleck. Das ist das wahrste Bild eines Liebhabers.«

Goethe spricht in seiner Jugend aus, was für seine Bewegung in Angelegenheiten der Liebe bestimmend sein wird.

Er wird die immergleiche Bewegung des Hin und Her fürchten, wird versuchen, aus ihr auszubrechen, wird versuchen, »die Blumenketten«, die ihn fesseln, zu zerreißen, wird aber dabei jedes Mal zittern und es dann doch tun, wird die permanente Hin- und Herbewegung durchbrechen durch ein Weg, durch Flucht. Jetzt aber wird er erstmal an eine »Blumenkette« gelegt durch ein Landmädchen, Tochter eines Pfarrers. Sein Tischnachbar in der Pension »Zum Geist«, Weyland, führt ihn ein. Er kennt die Familie des Pfarrers Brion und kennt die drei Töchter.

In der literarischen Fassung des Erlebnisses, in »Dichtung und Wahrheit«, ist es so zu lesen:

»Er hatte mir öfters von einem Landgeistlichen gesprochen, der nahe bei Drusenheim, sechs Stunden von Straßburg, im Besitz einer guten Pfarre mit einer verständigen Frau und ein paar liebenswürdigen Töchtern lebe. So viel bedurfte es kaum, um einen jungen Ritter anzureizen, der sich schon angewöhnt hatte, alle abzumüßigenden Tage und Stunden zu Pferde und in freier Luft zu verbingen. Also entschlossen wir uns auch zu dieser Partie.«

Anfang Oktober 1770 reiten Goethe und Weyland über Drusenheim nach Sesenheim. Sie wollen sich einen Spaß machen. Goethe verkleidet sich als armer Student. In dieser Maskerade kommen die beiden Städter in das Dorf.

»Wir ritten einen anmutigen Fußpfad über Wiesen, gelangten bald nach Sesenheim, ließen unsere Pferde im Wirtshaus und gingen gelassen nach dem Pfarrhofe.«

Wie Goethe das in »Dichtung und Wahrheit« beschreibt, sieht man sie locker und lässig die Dorfstraße entlangkommen. Was aber als Spaß gedacht ist, fängt Goethe, der gerade noch über die Ketten der Liebe gesprochen hat, ein.

Dem als armer Student Verkleideten ist die Maskerade schnell peinlich. Er ist beschämt.

»In diesem Augenblick trat sie wirklich in die Türe; und da ging fürwahr an diesem ländlichen Himmel ein allerliebster Stern auf.«

Das Raisonnieren über die Liebe ist vergessen, und der städtische Hochmut auch. Man bleibt, man macht eine abendliche Landpartie, man bleibt über Nacht.

»Schließlich wurde der schöne Mondenschein zum Vorwand genommen, einen Spaziergang vorzuschlagen. Mein Freund Weyland bot der Älteren den Arm, ich der Jüngeren, und so zogen wir durch die weiten Fluren, mehr den Himmel über uns zum Gegenstand habend, als die Erde, die sich neben uns in der Breite verlor.«

Zurück in Straßburg sehnt sich Goethe nach dem Idyll von Sesenheim. Er hat sich in eine Leidenschaft gestürzt, koste es, was es wolle, wie er später rückblickend an Salzmann schreiben wird. Wir wissen heute nicht viel über das »Sesenheimer Idyll«, da fast alle Briefe, die Goethe aus Straßburg an Friederike schreibt, von ihrer Schwester Sophie vernichtet worden sind. Auch der Brief, in dem Goethe Salzmann im Detail von seiner Liebesgeschichte mit Friederike erzählt, wird auf Drängen der Familie Brion beiseite geschafft werden. So bleibt vor allem Goethes eigener Bericht in »Dichtung und Wahrheit.« Obwohl er hier ungewöhnlich selbstkritisch erzählt, wissen wir nicht, wieviel Dichtung, wieviel Wahrheit in ihm ist. Immer wieder kommt Goethe auf die Sesenheimer Zeit zurück, und selbst im hohen Alter erwähnt er sie, so als ob hier etwas begonnen habe für ihn, so, als ob er hier vielleicht etwas versäumt oder falsch gemacht habe. Zwei erhaltene Briefe sind es nur, die von jenen beiden Oktobertagen im Jahr 1770 erzählen, als Goethe Friederike zum ersten Mal erblickt hat. Ein wenig verschlüsselt berichtet er an Katharina Fabricius, die Freundin seiner Schwester:

»Mein jetziges Leben ist vollkommen wie eine Schlittenfahrt, prächtig und klingelnd, aber eben sowenig fürs Herz, als es für Augen und Ohren viel ist … Ich habe einige Tage auf dem Lande bei gar angenehmen Leuten zugebracht. Die Gesellschaft der liebenswürdigen Töchter im Hause, die schöne Gegend, und der freundlichste Himmel, weckten in meinem Herzen, jede schlafende Empfindung, jede Erinnerung an alles, was ich liebe, daß ich kaum angelangt bin, als ich hier schon sitze und an Sie schreibe.«

Wie einige Jahre später, als er in Lili Schönemann verliebt ist und davon seiner Vertrauten Auguste zu Stolberg berichtet, erzählt er jetzt Katharina Fabricius, mehr oder weniger verschlüsselt, bisweilen fast lockend, fast kokett, von seiner Liebesaffaire. Immer hat er auch eine andere im Auge, die er mit Worten umgarnt, auch wenn sie nicht in der Nähe ist. Oft wird es ein Dreierbund sein, in dem er die Mitte bildet, wie dann zwischen den beiden Schwestern Friederike und Sophie Brion. Den zweiten Brief, den er unmittelbar nach seiner Rückkehr aus Sesenheim schreibt, richtet Goethe an Friederike selbst:

»Liebe neue Freundin, ich zweifle nicht, Sie so zu nennen, denn wenn ich mich anders ein klein wenig auf die Augen verstehe, so fand mein Aug, im ersten Blick, die Hoffnung zu dieser Freundschaft in Ihrem, und für unsre Herzen wollt' ich schwören; Sie, zärtlich und gut, wie ich Sie kenne, sollten Sie mir, da ich Sie so lieb habe, nicht wieder ein bißchen günstig sein?«

In diesem Brief ist zugleich der Versuch zu erkennen, Distanz zu schaffen, zu seinen eigenen Gefühlen und zu der Frau, der diese Gefühle gelten. Den Schritt, den er ihr entgegengeht, macht er auch sogleich wieder zurück:

»Gewiß Mamsell, Straßburg ist mir noch nie so leer vorgekommen wie jetzt. Zwar hoff ich, es soll besser werden, wenn die Zeit das Andenken unsrer niedlichen und mutwilligen Lustbarkeit ein wenig ausgelöscht haben wird, wenn ich nicht mehr so lebhaft fühlen werde, wie gut, wie angenehm meine Freundin ist. Doch sollte ich das vergessen können oder wollen? Nein, ich will lieber das wenig Herzwehe behalten, und oft an Sie schreiben.«

Empfindung und Herzweh führen ein Eigenleben. Es zieht Goethe immer wieder nach Sesenheim in die Nähe Friederikens. Er sattelt das Pferd, reitet auf schnellstem Weg dorthin, schaut weder rechts noch links, hat Lieb im Leib, sieht nichts, sieht nicht die Auen des Rheins, nicht den bizarren Lauf des Flusses Moder. Die Landschaft entdeckt er nur an ihrer Seite.

Goethe ist in Gefahr, sich in einer Liebe zu verlieren.

»Man ließ uns unbeobachtet, wie es überhaupt dort und damals Sitte war ... so waren auch die Rheininseln öfters Ziel unserer Wasserfahrten. Dort brachten wir ohne Barmherzigkeit die kühlen Bewohner des klaren Rheins in den Kessel, auf den Rost, in das siedende Fett, und hätten uns hier in den traulichen Fischerhütten vielleicht mehr als billig angesiedelt, hätten uns nicht die entsetzlichen Rheinschnaken nach einigen Stunden wieder weggetrieben.«

Sind es wirklich die Rheinschnaken, die Goethe davor gerettet haben, zu weit zu gehen, sich wirklich zu binden? Waren sie ihm nicht willkommen, um nicht eine auch körperliche Liebe leben zu müssen, die er vielleicht fürchtete? Oder was war in den Nächten an ihrer Seite?

»Man durfte sich nur der Gegenwart hingeben, um diese Klarheit des reinen Himmels, diesen Glanz der reichen Erde, diese lauen Abende, diese warmen Nächte an der Seite der Geliebten oder in ihrer Nähe zu genießen.«

Die Nächte an der Seite der Geliebten? In ihrer Nähe?

Die Monate Mai und Juni 1771 verbringt Student Goethe, der zuvor immer wieder für Tage nach Sesenheim geritten war, an ihrer Seite, in ihrer Nähe.

»Ich war grenzenlos glücklich an Friederikens Seite«, schreibt noch der alte Goethe in »Dichtung und Wahrheit« wohl die Wahrheit.

Und die Wahrheit jener Zeit hat Dichtung hervorgebracht. Der Student der Jurisprudenz hatte schon in Leipzig Lust und Schmerz seiner Liebe zu Käthchen Schönkopf in Verse gebracht, so in dem Gedicht »Glück und Traum«, das er nach der Trennung von ihr geschrieben hatte.

Die Gedichte, die er jetzt über seine Liebe zu Friederike Brion schreibt, haben einen anderen, einen neuen Ton, der nicht nur ein neuer Ton Goethes ist. Er ist überhaupt neu in der Dichtung der Zeit. Herder hatte ihn auf das Volkslied hingewiesen, hatte Natürlichkeit, hatte Empfinden, Gefühl und Einfachheit in der Dichtkunst gefordert. »Das Heidenröslein« im Volksliedstil, das ebenso wie die Liebesgedichte jenen vorgeformten Stil der Anakreontik, den Goethe bis dahin nachgeahmt hatte, ablegt, ist in der Straßburg-Sesenheimer Zeit entstanden.

Die Liebesgedichte an Friederike, die zumeist einfache
»Briefgedichte« sind, die er der Post nach Sesenheim beilegt,
haben den unmittelbaren Ton reiner Empfindungen und drän-
genden Gefühls. Herders Einfluß verbindet sich mit dem Lie-
besgefühl Goethes zu jenem neuen Ton in der Dichtung. Nach
Sesenheim schreibt er im Winter 1770 von Straßburg aus:

Ich komme bald, ihr goldnen Kinder,
Vergebens sperret uns der Winter
In unsre warmen Stuben ein.
Wir wollen uns zum Feuer setzen
Und tausendfältig uns ergötzen,
Uns lieben wie die Engelein.

Die goldnen Kinder sind Friederike und ihre Schwester, zu denen Goethe in aller Unschuld eines Kindes kommen will, um
Engelsspiele zu spielen. Aus dem gleichen Winter ein anderes
Briefgedicht, wohl antwortend auf einen Brief Friederikes, den
wir nicht kennen:

Jetzt fühlt der Engel, was ich fühle,
Ihr Herz gewann ich mir beim Spiele,
Und sie ist nun von Herzen mein.

Ebenfalls den Briefen nach Sesenheim beigelegt sind bemalte
Bänder, was gerade Mode war, um Zuneigung auszudrücken.
»Mit einem gemalten Band«, ein Gedicht aus dem Frühjahr
1771, daraus die letzte Strophe:

Fühle, was dies Herz empfindet,
Reiche frei mir deine Hand,
Und das Band, das uns verbindet,
Sei kein schwaches Rosenband!

Was die Gedichte nicht erzählen, ist die Ambivalenz in Goethes Gefühlen, die zwischen reiner beglückter Liebe schwanken und der Ahnung, daß das Band, die »Blumenkette«, von der er ein Jahr zuvor an Katharina Fabricius geschrieben hat, so stark werde, ihn so fessele, daß er es nicht mehr zerreißen kann.

In »Dichtung und Wahrheit« bekennt Goethe später, daß ihn sein leidenschaftliches Verhältnis zu Friederike zu ängstigen begann.

»Eine solche jugendliche, aufs Geratewohl gehegte Neigung ist der nächtlich geworfenen Bombe zu vergleichen, die in einer sanften glänzenden Linie aufsteigt, sich unter die Sterne mischt, ja einen Augenblick unter ihnen zu verweilen scheint, alsdann aber abwärts, zwar wieder dieselbe Bahn, nur umgekehrt, bezeichnet und zuletzt da, wo sie ihren Lauf geendet, Verderben hinbringt.«

Auch die Briefe aus Sesenheim an seinen Vertrauten Johann Daniel Salzmann zeigen die Gefühle zwischen Glück und Verdruß, erzählen von der Spannung zwischen Bleiben und Gehen, die ihn bisweilen zu zerreißen scheint.

Am 19. Juni 1770, nachdem er seit Wochen bei Friederike weilt, schreibt Goethe an Salzmann:

»Nun wär es wohl bald Zeit, daß ich käme, ich will auch, und will auch, aber was will das Wollen gegen die Gesichter um mich herum. Der Zustand meines Herzens ist sonderbar, und meine Gesundheit schwankt wie gewöhnlich durch die Welt, die so schön ist als ich sie lang nicht gesehn habe. Die angenehmste Gegend, Leute, die mich lieben, ein Zirkel von Freuden. Sind nicht die Träume Deiner Kindheit alle erfüllt? frag ich mich manchmal, wenn sich mein Aug' in diesem Horizont von Glückseligkeiten herumweidet; sind das nicht die Feengärten, nach denen du dich sehntest? – Sie sind's, sie sind's! ich fühl' es lieber Freund, und fühle, daß man um kein Haar glücklicher ist, wenn man erlangt, was man wünschte. Die Zugabe! die Zugabe! Die uns das Schicksal zu jeder Glückseligkeit drein wiegt. Lieber Freund, es gehört viel Mut dazu, in der Welt nicht mißmutig zu werden.«

Die Idylle in Sesenheim, die Liebe zu Friederike, wenn es denn Liebe ist, vor allem aber ihre Liebe zu ihm, die wohl Liebe ist, vermag Goethe nicht endgültig irrezuführen. Die Idylle täuscht nicht darüber hinweg, daß etwas fehlt, täuscht nicht darüber weg, daß Leben und Liebe in Sesenheim auch eine Selbstbeschränkung in sich bergen. Goethe fühlt, daß er in seiner Existenz bedroht ist, wenn er bleibt, und doch kann er noch nicht weg, kann die »Blumenkette« noch nicht zerreißen.

Eine Woche zuvor hatte er schon an Salzmann geschrieben, »ich komme, oder nicht, oder«, und hatte beklagt, daß er »Mädchen Natur« annehme, wenn er weiter so dahinlebe im Idyll, verteidigt sich aber sogleich schwach, wenn er anführt, »doch lern' ich schön griechisch«, um Homer lesen zu können.

Noch kann er nicht Abschied nehmen, »der Kopf steht mir wie eine Wetterfahne, wenn … die Windstöße veränderlich sind.« Goethe ist befangen in dieser Liebe, und Friederike, ihre Schwester Sophie und die überaus anmutige Natur der Rheinauen haben ihn gemeinsam an die Kette gelegt. Ist aber Distanz, so weiß er schnell, das alles ist nur ein Intermezzo im Leben, und sobald alles getan ist, bin ich weg.

In »Dichtung und Wahrheit« wird er mit dem Abstand der Jahre kühl analysieren können:

»Wie soll eine schmeichelnde Leidenschaft uns voraussehen lassen, wohin sie uns führen kann? Denn auch selbst alsdann, wenn wir schon ganz verständig auf sie Verzicht getan, können wir sie noch nicht loslassen ... So ging es auch mir. Wenngleich die Gegenwart Friederikes mich ängstigte, so wußte ich doch nichts angenehmeres, als abwesend an sie zu denken und mich mit ihr zu unterhalten. Ich kam seltener hinaus, aber unsere Briefe wechselten desto lebhafter ... Die Abwesenheit machte mich frei und meine ganze Zuneigung blühte erst recht auf durch die Unterhaltung in der Ferne.«

Auch in den Gedichten, selbst in den von Liebeserklärungen glühendsten, gibt es schon Ahnung, vielleicht gar Gewißheit von Abschied. Selbst im enthusiastischen Mailied heißt es zuerst:

O Mädchen, Mädchen
Wie lieb ich dich!
Wie blinkt dein Auge,
Wie liebst du mich.

Dann aber in den beiden letzten Strophen:

Wie ich Dich liebe
Mit warmem Blut,
Die du mir Jugend
Und Freud' und Mut

Zu neuen Liedern
Und Tänzen gibst.
Sei ewig glücklich,
Wie du mich liebst.

Ein verborgener Abschiedsgruß liegt in den beiden letzten Zeilen. In Goethe ist neue Freude an der Dichtung entstanden. Er hat in der Idylle von Sesenheim und in der Liebe einen neuen Ton für sein Dichten gefunden. Nun kann er weiterziehen zu neuem Leben und neuem Lieben, und er kann weiterdichten, wenn er endlich die »Blumenketten« zerrissen hat.

Am 23. Juni reitet Goethe nach Straßburg zurück, um sein Studium abzuschließen. Die ferne Geliebte soll eine ferne Geliebte bleiben. Er dichtet:

Ach, wie sehn' ich mich nach dir,
Kleiner Engel! Nur im Traum
Nur im Traum erscheine mir.

Anfang August 1771 hat Goethe sein Studium der Jurisprudenz beendet. An Ernst Theodor Langer schreibt er am 8. August nach Wolfenbüttel:

»Ich bin nun endlich mit dem Promotionswesen zu Ende, und gehe morgen von hier … Der Aufenthalt hier war mir sehr angenehm, und Nutzen hab' ich auch davon mehr als man glaubt.«

Goethe hat in der Straßburger Zeit eine Wandlung durchgemacht. Angeregt durch Herder in der Theorie des Dichtens, angeregt durch Friederike Brion in der Praxis des Lebens. Der bisher gesundheitlich so anfällige junge Goethe ist körperlich und mental gesundet. Er hat geliebt und ist geliebt worden. Und er hat Nutzen für seine Dichtung daraus gezogen.

Johann Wolfgang Goethe reitet am 8. August 1771 zum Abschied nach Sesenheim. Er konnte nicht unterlassen, Friederike noch einmal zu sehen, wie er in »Dichtung und Wahrheit« bekennt:

»Es waren peinliche Tage, deren Erinnerung mir nicht geblieben ist.«

Aber er erinnert sich:

»Als ich ihr die Hand noch vom Pferde reichte, standen ihr die Tränen in den Augen und mir war sehr übel zumute.«

Friederike Brion konnte ahnen, daß sie ihn nicht wiedersehen würde, aber gesagt, daß es ein Abschied auf immer sei, hat er ihr nicht. Sie wird gewartet haben auf ihn in Sesenheim. Sie hat ihr Leben in Erwartung eingerichtet. Aber Goethe kommt nicht. Kurze Zeit hat er ihr noch Briefe geschickt, und im Herbst 1771 seine Übersetzung der »Gesänge von Selma« des Ossian. Da wir diese Briefe, die er aus Frankfurt abgesandt hat, nicht kennen, wissen wir nicht, ob sie ein Wiedersehen ankündigen. Aber Goethe kommt nicht, selbst dann nicht, als er im Mai 1775 nur wenige tausend Meter von ihr entfernt auf dem Weg nach Straßburg ist. Dort sucht er während seines viertägigen Aufenthalts die Freunde von einst auf, Salzmann natürlich, aber auch den Dichter Jakob Michael Reinhold Lenz. Der wandelt in Verehrung für Goethe auf dessen Spuren. Und so ist Lenz, der 1772 im Regiment des Herrn von Kleist im Sesenheim-nahen Fort Louis am Rhein stationiert war, von dort aus zum Pfarrhaus gewandert und hat Friederike nicht nur kennengelernt, sondern sich auch in sie verliebt. An Salzmann, an Goethes Vertrauten also, schreibt er, »es war ein Mädchen, das sich vorzüglich freute, daß ich so glücklich wäre, Ihre Freundschaft zu haben.«

Er macht mit Friederike eine Reise nach Lichtenau, schreibt wieder an nun auch seinen Vertrauten Salzmann:

»Wir kamen den Abend um 10 Uhr nach S. zurück, und diesen und den folgenden Tag blieb ich dort. Es ist mir, als ob ich auf einer bezauberten Insel gewesen wäre. Ich war dort ein anderer Mensch.«

Goethe kommt nicht mehr, aber Lenz kommt immer wieder nach Sesenheim zu Friederike, predigt gar in der Kirche ihres Vaters. Er will sich dort einnisten. Doch Vater Brion soll seine Tochter bei Verwandten versteckt haben, um sie vor dem ungestümen Dichter zu schützen. So findet die epigonale Liebe ein Ende. Zudem wird sein Regiment nach Landau verlegt. Lenz kommt nicht mehr. Dafür hat er, wie Goethe auch, Briefgedichte nach Sesenheim geschickt.

Als man 1835 ein Konvolut von Gedichtabschriften bei den Brions entdeckte, glaubte man, in diesem »Sesenheimer Liederbuch« seien alle Gedichte von Goethe. Inzwischen aber weiß man, einige sind von Lenz, so auch dies:

Ach Du bist fort? Aus welchen güldnen Träumen
Erwach ich itzt zu meiner Qual?
Kein Bitten hielt dich aus, du wolltest dich nicht säumen,
Du flogst davon – zum zweiten Mal.

Zum zweiten Mal sah ich dich Abschied nehmen
Dein göttlich Aug in Tränen stehen.

Der zweite Abschied, der von Lenz nachgeahmte Abschied Goethes? Selbst später noch in Weimar hat Lenz im Gedicht »Die Liebe auf dem Lande« die verlassene Braut Friederike besungen.

Denn immer, immer, immer doch
Schwebt ihr das Bild an Wänden noch
Von einem Menschen, welcher kam
Und ihr als Kind das Herze nahm.

Als Lenz und Goethe im Mai 1775 in Straßburg zusammentreffen, werden sie auch über Friederike Brion gesprochen haben. Gemeinsam gehen sie zum Gasthaus »Zum Wasserzoll« an
der Ill, von wo aus der Weg nach Sesenheim führt. Und Lenz
dichtet.

Der Wasserzoll. Denkmal der Freundschaft.
Ihr stummen Bäume, meine Zeugen;
Ach! käm er ohngefehr
Hier, wo wir saßen, wieder her,
Könnt ihr von meinen Tränen schweigen.

Lenz fährt mit Goethe weiter von Straßburg nach Emmendingen, wo der seine dort verheiratete Schwester Cornelia besucht, bevor er weiter in die Schweiz reist, auf der Flucht vor
der Frau, die er jetzt liebt, vor Lili Schönemann, der er versprochen ist.

Nachdem Goethe auch auf der Rückreise aus der Schweiz im
Juli 1775 knapp an Sesenheim vorbeifährt, es links liegenläßt,
kehrt er nach Frankfurt zurück.

Im November des Jahres trifft Johann Wolfgang Goethe in
Weimar ein. Ein neues Leben beginnt.

Vier Jahre später reist er wieder in die Schweiz, zusammen
mit seinem Herzog Carl August. Es ist die gleiche Route wie damals. Diesmal nimmt er den Weg rechts nach Sesenheim. Am
25. September 1779 sieht er die nun achtundzwanzigjährige
Friederike Brion wieder. Er ist dreißig Jahre alt, Minister und

gerade zum Geheimen Rat ernannt. An Frau von Stein berichtet er nach Weimar:

»Abends ritt ich etwas seitwärts nach Sesenheim, indem die anderen ihre Reise fortsetzten, und fand daselbst eine Familie, wie ich sie vor acht Jahren verlassen hatte beisammen und wurde gar freundlich und gut aufgenommen. Da ich jetzt so rein und so still bin wie die Luft, so ist mir der Atem guter und stiller Menschen sehr willkommen. Die zweite Tochter vom Hause hatte mich ehemals geliebt schöner als ichs verdiente, und mehr als andere, an die ich viel Leidenschaft und Treue verschwendet habe. Ich mußte sie in einem Augenblick verlassen, als es ihr fast das Leben kostete. Sie ging leise darüber weg, mir zu sagen, was ihr von einer Krankheit jener Zeit noch überbliebe, betrug sich allerliebst mit soviel herzlicher Freundschaft vom ersten Augenblick, da ich ihr unerwartet auf der Schwelle ins Gesicht trat, und wir mit den Nasen aneinanderstießen, daß mir's ganz wohl wurde. Nachsagen muß ich ihr, daß sie auch nicht durch die leiseste Berührung irgendein altes Gefühl in meiner Seele zu wecken unternahm. Sie führte mich in jede Laube, und da mußt ich sitzen und so wars gut. Wir hatten den schönsten Vollmond … Ich blieb die Nacht und schied den anderen Morgen bei Sonnenaufgang von freundlichen Gesichtern verabschiedet, daß ich nun auch wieder mit Zufriedenheit an das Eckchen der Welt hindenken, und in Friede mit den Geistern dieser ausgesöhnten in mir leben kann.«

Es hat wiederholte Spiegelungen der Tage von Sesenheim in Goethes Leben und Werk gegeben. Als er Friederike Brion im August 1771 verlassen hatte, hatte er gewußt, daß es ihr das Herz bräche. Schon im November desselben Jahres ist er wieder verliebt. Wir wissen nicht, in wen. An Salzmann schreibt er nach Straßburg:

»Es ist eine Leidenschaft, eine ganz unerwartete Leidenschaft. Sie wissen, wie mich dergleichen in ein Zirkelgen werfen kann, daß ich Sonne, Mond und die lieben Sterne darüber vergesse. Ich kann nicht ohne das sein, Sie wissens lang, und koste es was es wolle, ich stürze mich drein. Diesmal sind keine Folgen zu befürchten.«

Folgen, wie bei Friederike Brion, die am Liebesverrat Goethes zerbricht, weil er ihr Hoffnung für ein gemeinsames Leben gemacht hat? Weil der Don Juan in Goethe die Eroberung wollte, die Liebe aber nicht vollziehen wollte, die Flucht vorzog?

Als er seine Autobiographie schreibt, begegnet er Friederike wieder in seiner Erinnerung. Er erzählt die Liebe seiner Jugend liebevoll und zugleich mit einer für Goethe erstaunlichen Selbstkritik, denn er weiß, da war einer gekommen, der ihr das Herz genommen hatte, wie Lenz schrieb. Zurückgekehrt zu ihr ist er erst neun Jahre, nachdem er sie verlassen hat. Als Minister in Amt und Würden kann er auf Vergebung ihrerseits hoffen. Zuvor hatte er sich nicht getraut, den kurzen Weg nach Sesenheim zu gehen.

Goethe
Ölgemälde von J. E. Schumann, 1778 nach G. M. Kraus, 1775

Uetersen oder » Wie weit ist's von Dir zu mir?«

Uetersen ist eine kleine Gemeinde an der Pinne in der Nähe von Pinneberg. Hier war Goethe nicht. Hier lebte Auguste Louise Gräfin zu Stolberg. Sie war Goethes ideale Geliebte, denn er hat sie nie gesehen. Er kannte sie nur aus ihren Briefen und aus den Erzählungen ihrer Brüder Friedrich Leopold und Christian.

Uetersen liegt im Norden Deutschlands, abseits der Pfade, die Goethe gegangen und immer wieder gegangen ist. Der nördlichste Ort, den er je betreten sollte, ist Tegel bei Berlin, heute Teil der Stadt. Und selbst hier, so weit im Norden, war er nicht freiwillig, hatte ihn doch Herzog Carl August zu einem offiziellen Besuch mitgenommen nach Berlin, das er zeitlebens nie geliebt, das er danach immer gemieden hat. Keine Neugier konnte er aufbringen für die »Königsstadt« an der Spree. Neugier auf Fremde war eh eine dem Dichter kaum gegebene Eigenschaft. So ist er auch nie nach Uetersen gefahren oder nach Dänemark, wo das »Gustgen«, wo Auguste zu Stolberg später gelebt hat.

»O Gustgen, wenn ich nur einen Blick in Ihre Augen tun könnte.«

Im Juli 1775 schreibt er ihr aus Frankfurt in den Norden nach Bernstorff bei Kopenhagen, wo sie einige Monate bei ihrer älteren Schwester lebt. Wenn er schreibt, er wolle sie sehen, entsteht immer der Eindruck, es wäre Goethes sehnlichster Wunsch, daß der Wunsch, sie zu sehen, nicht in Erfüllung geht.

Die zweiundzwanzigjährige Auguste zu Stolberg hatte wie viele junge Frauen der Zeit »Die Leiden des jungen Werther« gelesen, mehrmals, hatte den gerade erschienenen Roman auswendig gelernt und dann im Januar 1775 einen begeisterten Brief an Goethe geschickt, anonym. Er, der es sich zum Prinzip gemacht hatte, nur mit ihm bekannten Menschen zu korrespondieren, geht sichtlich erregt auf den Brief ein. Er kommt ihm vor wie ein Liebesangebot in einer Zeit, wo er glücklich-unglücklich in Lili Schönemann verliebt ist. Goethe antwortet sofort, in einer überraschenden Offenheit:

»Meine Teure – ich will Ihnen keinen Namen geben, denn was sind die Namen ... gegen das unmittelbare Gefühl zu dem – ich kann nicht weiterschreiben ... Ihr Brief hat mich in einer wunderlichen Stunde gepackt. Adieu, gleich den ersten Augenblick! – Ich komme doch wieder – ich fühle, Sie können ihn tragen diesen zerstückelten, stammelnden Ausdruck, wenn das Bild des Unendlichen in uns wühlt ... Und was ist das als Liebe!«

Was für eine aphrodisierende Wirkung muß dieser Brief des berühmten Dichters, der mit dem Kultbuch der Zeit die Herzen seiner Generation erobert hatte, auf die Zweiundzwanzigjährige gehabt haben, die im hohen Norden in einem klösterlichen Stift für adlige Fräulein lebt und auf die Welt der Briefe angewiesen ist. Goethe geht noch weiter, er schickt ihr seine »Silhouette« nach Uetersen, bittet um »die Ihrige, aber nicht ins kleine, den großen von der Natur genommen Riss bitt ich.« Und er öffnet der fernen Unbekannten gleich sein Inneres. Auf die Frage, ob er glücklich sei, antwortet er ihr:

»Ja ich bins, und wenn ich's nicht bin, so wohnt wenigstens all das tiefe Gefühl von Freud und Leid in mir. Nichts außer mir stört, schiert, hindert mich. Aber ich bin wie ein klein Kind weiß Gott«.

Der Briefwechsel mit Auguste zu Stolberg hat einen bis dahin und auch später nicht gehörten Ton. Goethe spricht direkt aus, was er fühlt, denkt, sagt, was der Augenblick eingibt. Er stammelt vor sich hin, ist zutiefst ehrlich. Die Briefe sind kunstvoll zerstückelt, seine Rede ist zugleich inszeniert. Der Unbekannten kann Goethe beichten und sich als genialischer Mensch in Szene setzen, »wenn ich dir so von Moment zu Moment schreibe.«

An allen Schwankungen des Gemüts läßt er sie teilhaben, an seinen Explosionen, an seinen Mattigkeiten. Er widmet ihr kein Gedicht, schreibt keine Gedichte auf sie, wie auf und an die anderen Frauen, wie an Käthchen, Friederike, Lili, er schreibt ihr emphatische Briefe, die literarische Kunstwerke sind.

In ihnen ist erotische Lockung, die das Mädchen im Norden in ihrer klösterlichen Umgebung in Unruhe bringen muß. »Ich sag Dir nicht alles, ich sag Dir nicht alles« läßt er sie immer wieder wissen. Wenn er ihr sagt, daß er sie liebt, daß sie einzig ist, daß er sich nach ihr sehnt, spricht er sogleich von einer anderen, der er nachstellt. Meist ist es Lili Schönemann.

Kaum hat er Auguste gesagt, »und was ist das als Liebe«, folgt »wenn Sie sich einen Goethe vorstellen können … der mit allem Interesse des Leichtsinns, einer niedlichen Blondine den Hof macht, so haben Sie den gegenwärtigen Fassnachtsgoethe, der Ihnen neulich einige dumpfe tiefe Gefühle vorstolperte.« Er endet den Brief dann wieder mit:

»Wer und wo Sie sind, tut nichts zur Sache, wenn ich an Sie denke, fühl ich nichts als Gleichheit, Liebe, Nähe.«

Sie tauschen Schattenrisse aus, er preist Ihre »sinnende Stirn, diese süße Festigkeit der Nase, diese liebe Lippe, dieses gewisse Kinn, der Adel des Ganzen, danke meine Liebe, danke.« Er möchte ihr nah sein, »ich wollt ich könnt in Ihrer Hand ruhn, in Ihrem Aug rasten«. Er will zu ihr, will bleiben, will einen und dann keinen Schritt entgegentun, er lockt sie und entfernt sich.

»Doch wenn du leidest, schreib mir – ich will alles teilen – o dann laß mich auch nicht stecken edle Seele zur Zeit der Trübsal, die kommen könnte, wo ich dich flöhe und alle Lieben. Verfolge mich, ich bitte Dich, verfolge mich mit Deinen Briefen dann, rette mich vor mir selbst«.

Keinen einzigen wirklichen Schritt hat er auf sie zugetan, nur den in den Briefen, doch schon spricht er von Flucht, bittet sogleich um Verfolgung, aber nur brieflich bitte.

Hier inszeniert sich als ein Zerrissener ein wirklich Zerrissener, der nicht weiß, wo er hin soll in der Liebe und im Leben. Aber er inszeniert sich als Genialischer, für das Mädchen vom Lande, das da in seinem Stift sitzt und wartet. Auf ihn. Oder auf seine Briefe.

Er beichtet ihr auch Wahres, wenn er unglücklich ist mit sich, wenn er unglücklich ist mit Lili und wenn er glücklich ist mit ihr. Die macht er eifersüchtig, wenn er ihr von seinem Mädchen in Uetersen erzählt, wenn Lili fragt, an wen er denn da immer schreibe. Jamais deux sans trois.

»Hören Sie, ich hab immer eine Ahndung, sie werden mich retten, aus tiefer Not, kanns auch kein weiblich Geschöpf als Sie.«

Im September schreibt er das an Auguste in die Nähe von Kopenhagen, wo sie sich bei ihrer Schwester aufhält, schreibt an eine, die ihm als Rettung erscheint, wenn die »ewig verderbliche Liebe«, die er kurz zuvor angeklagt hat, ihn in einen Abgrund stürzt.

»Könnt ich kommen, neulich reist ich zu Ihnen. Durchzog in trauriger Gestalt Deutschland, sah mich weder rechts noch links um, und kam und trat in ihr Zimmer, und fiel mit Tränen zu Ihren Füßen, und rief Gustgen bist Dus!«

Aber er wird nicht wirklich reisen, wird weder in Uetersen noch in Kopenhagen sein. Die Reise, die er sich vorstellt, reicht aus als Reise, die Reise, die er sie sich vorstellen läßt, soll sie noch mehr an ihn binden, in der Ferne.

Und kaum hat er von der Reise zu ihr gesprochen, auf der er weder rechts noch links schaut, weil er die Lieb zu ihr im Leib zu haben sie glauben macht, da spricht er im nächsten Satz von Lili, daß der Abstand zu ihr das Band nur fester mache, »das mich an sie zaubert.« Das Spiel der erotischen Lockung mit der Erwähnung einer anderen ist mehr eine Lockung der eigenen erotischen Phantasie als ein Angebot an sie. Was er mit ihr treibt auf die Ferne, wie er mit ihren Gefühlen spielt, ist Teil des »entsetzlichen« Goethe, von dem Kafka spricht.

Das Spiel mit dem erotischen Dreiecksverhältnis, in dem er in der Mitte zwischen zwei Frauen steht und das er gerade in dem Schauspiel »Stella« auch niederschreibt, ist in diesem Fall ein unwahres Spiel, da die beiden Frauen nur zwei entfernte Pole sind, zwischen denen Goethe nach Belieben agieren kann. Dann zieht er auch noch ihre beiden Brüder in den »Brand« der Leidenschaften hinein. Er war mit ihnen in die Schweiz gereist. Am 3. August 1775 schreibt er Auguste aus Offenbach, aus dem »Zimmer des Mädgens, das mich unglücklich macht, ohne ihre Schuld, mit der Seele eines Engels«, von der beendeten Reise, nennt dabei jetzt Auguste Engel:

»Und dann du und Fritz, und Ich! und alles wirrt sich in einen Schlangenknoten. Und ich finde nicht Luft zu schreiben… Und doch Engel manchmal, wenn die Not in meinem Herzen der größt ist, ruf ich aus, ruf ich Dir zu: Getrost! Getrost! Ausgeduldet und es wird werden. Du wirst Freude an Deinen Brüdern haben, und wir an uns selbst. Diese Leidenschaft, ists die uns aufblasen wird bis zum Brand, in dieser Not werden wir um uns greifen, und brav sein, und handeln, und gut sein, und getrieben werden, dahin wo Ruhe, Sinn nicht reicht.«

Jede erotische Verstrickung, jede Verschlingung in einen »Schlangenknoten« der Leidenschaften zwischen ihr, ihm und ihren Brüdern kann er auf die junge Frau in der Ferne projizieren. Die jungen Männer sind durch die Schweiz gereist, haben Skandal gemacht, indem sie bei jeder Gelegenheit voreinander und miteinander nackt baden, dabei zumindest drei ferne Frauen als Vorstellung, als Bild mit sich tragen, »diese Leidenschaft ists, die uns aufblasen wird zum Brand.« Die drei Frauen sind Lili, Goethes Verlobte, von der er sich trennen will, es aber nicht kann, die Engländerin Sophie Hanbury, von der Friedrich zu Stolberg sich trennen muß, obwohl er nicht will und nicht kann – sie hat sich ihm gerade versagt. Und Auguste, Goethes ferne unbekannte Geliebte, und zugleich Schwester von Fritz. Die Dauerprojektion jedoch wird auch für Goethe auf die Dauer fad, wenn die Vorstellung die wahre Leidenschaft verhindert. Im September gesteht er Auguste:

»O Gustgen! Wird mein Herz endlich einmal in ergreifendem wahren Genuß und Leiden, die Seeligkeit die Menschen gegönnt ward, empfinden, und nicht immer auf die Wogen der Einbildungskraft und überspannter Sinnlichkeit, Himmel auf und Höllen ab getrieben werden.«

Im selben Brief, der über mehrere Tage im September 1775 wie ein Tagebuch geführt wird, hatte er ihr zuvor geschrieben, daß sie sein »einzigstes einzigstes Mädchen« sei, obwohl er ihrer viele kenne. Und er gesteht ihr:

»Lili heute gesehen ... Hab kein Wort mit ihr zu reden gehabt ... Wär ich das los. O Gustgen und doch zittr' ich vor dem Augenblick da sie mir gleichgültig, ich hoffnungslos werden könnte«.

Kurze Zeit später wendet sich alles. Goethe löst das Verhältnis mit Lili Schönemann. Das nächste Brieftagebuch an Auguste zu Stolberg wird in Frankfurt begonnen und in Weimar beendet. Aus Frankfurt schreibt er noch:

»Wenn ich Dir mein gegenwärtig Verhältnis zu mehr recht lieben und edlen weiblichen Seelen sagen könnte! Wenn ich Dir lebhaft! Nein, wenn ichs könnte, ich dürfts nicht, du hieltest nicht aus.«

Welch plötzliche Rücksicht er da übt auf die Empfindung Augustes, aber die Situation ist eine ganz andere. Keine neue Liebe, eine alte beendet, und ein neues Leben steht an, »ich erwarte den Herzog von Weimar. Ich geh mit ihm nach Weimar«, kündigt er ihr an. Von dort berichtet er einen Monat später, »schon fast vierzehn Tage hier, im Treiben und Weben des Hofs. Adieu – bald mehr.«

Dort in Weimar trifft er im November die Brüder Stolberg. Ihnen hatte er zuvor noch aus Frankfurt geschrieben:

»Wenn ich nach Weimar kann, so tue ich es wohl. Gewiß aber Euch zu Liebe nicht. Und keinem Menschen zu Liebe, denn ich habe einen Pick auf die ganze Welt ... Was ich treibe ist keinen Scheißdreck wert geschweige denn einen Federstrich, Gustgen ist ein Engel, Hols der Teufel, daß sie Reichsgräfin ist.«

Hatte Goethe gehofft, bevor er nach Weimar ging, Auguste zu sehen, vielleicht sich an sie zu binden? Wir wissen es nicht. Als die Gebrüder Stolberg Goethe in Weimar treffen, plant der, mit ihnen nach Hamburg zu gehen, um Auguste zu sehen, kündigt es ihr auch an. Aber Goethe kommt nicht nach Hamburg. Hier war er sowenig, wie er Auguste je gesehen hat, je sehen wird.

Die machte sich eh keine Illusionen mehr über den Dichter, hatte sie doch kurz zuvor schon an ihren Bruder Christian geschrieben:

»Der arme Goethe, er klagt sehr viel, floh seine Lili ... Aber welch ein Feuer, das muß ein abscheulicher Junge sein, gegen ihn bin ich eine Schlafmütze.«

Goethes nächster Brief an sie aus Weimar vom Februar 1776 besteht nur noch aus drei kurzen Sätzen:

»Könntest Du mein Schweigen verstehen! Liebes Gustgen! Ich kann, ich kann nichts sagen!«

Im Mai sagt er ihr dann, was er ihr verschwiegen hat, daß er in Charlotte von Stein einen neuen Engel gefunden hat, »einen Engel von einem Weibe«. Im Juli sagt er ihr Lebewohl, dankt ihr, »daß Du aus deiner Ruhe mir in die Unruhe des Lebens einen Laut herüber gegeben hast«.

Danach ist wirklich Schweigen.

Fast fünfzig Jahre später wendet sich Auguste von Bernstorff noch einmal an Goethe. Sie hatte das Stift verlassen und nach dem Tod ihrer Schwester deren Mann, den dänischen Minister Andreas Peter Graf von Bernstorff, geheiratet, war nun aber schon lange Witwe. Sie schreibt an den altgewordenen »abscheulichen Jungen«, um ihn auf den rechten Weg zu bringen, auf den christlichen. Er solle sich vom Irdischen lossagen und dem Ewigen zuwenden, denn:

»Ihnen ward viel gegeben, viel anvertraut, wie hat es mich oft geschmerzt, wenn ich in Ihren Schriften fand, wodurch sie so leicht andern Schaden zufügen … O machen Sie das Gut, weil noch Zeit ist.«

Goethe antwortet höflich. Mehr nicht. »Lassen Sie mich im Allgemeinen bleiben.«

Im November 1779 gelangt Johann Wolfgang Goethe auf seiner zweiten Schweizer Reise, die er mit Herzog Carl August unternimmt, zum Gotthard. Er blickt hinunter nach Italien.

An Charlotte von Stein schreibt er nach Weimar:

»Zum zweiten Mal bin ich nun auf dieser Höhe, ich sage nicht, mit was für Gedanken. Auch jetzt reizt mich Italien nicht.«

Vier Jahre zuvor hat Goethe von der gleichen Stelle hinunter in den Süden geblickt und ist zurückgekehrt in den Norden. Er ist nicht nach Italien gegangen. Beide Male nicht.

1775 war er aus Frankfurt geflohen, um in die Schweiz zu reisen und vielleicht nach Italien weiterzufahren. Aber der Blick nach Süden läßt ihn schaudern. Er zieht den Fuß zurück, der den Weg hinabgehen wollte. Er flieht dorthin zurück, von wo er geflohen war. Die Bewegung, die er macht, hebt die andere, die er gemacht hat, auf.

Beide Male, 1775 und auch vier Jahre später, ist der Magnet, der ihn zurückzieht, eine Frau, erst die sechzehnjährige Lili Schönemann in Frankfurt, mit der er verlobt ist, dann die siebenunddreißigjährige Charlotte von Stein in Weimar, die verheiratet ist, mit einem anderen.

Mehrere Versuche braucht Goethe, um 1786 endlich nach Italien zu gehen, auch eine Flucht, aber eine nach Italien, eine Flucht vor eben jener Charlotte von Stein und vor der Enge in

Scheideblick nach Italien
Tuschzeichnung von Johann Wolfgang Goethe, 1775

Weimar. Er passiert die Alpen diesmal nicht über die Schweiz, sondern über Österreich, wird also nicht noch mal den Scheideblick nach Italien an gleicher Stelle tun.

»Auf dem Brenner angelangt, gleichsam hierher gezwungen. Hier oben sehe ich nun noch einmal nach Dir zurück. Von hier fließen die Wasser nach Deutschland und nach Welschland; diesen hoffe ich morgen zu folgen. Wie sonderbar, daß ich schon zweimal auf so einem Punkte stand, ausruhte und nicht hinüberkam. Auch glaube ich es nicht eher, als bis ich drunten bin.«

Das schreibt er in das Reisetagebuch für Frau von Stein, von der er ohne Abschied gegangen ist. Zögert er erneut, in das Tal nach Italien hinabzusteigen? Zieht es ihn wieder zurück? Glaubt er gar an eine unbestimmte Kraft, die ihn festhält?

Am nächsten Tag ist es geschafft. Goethe ist in Italien.

»Rom, Rom!«, nur ein Ziel hat er, und er jagt seinem Wunsch zu, duldet kaum noch Aufenthalt und Unterbrechung der Fahrt. Er reist nicht durch Italien, er rast auf Rom zu.

Als er das erste Mal im Juni 1775 an der Wasserscheide gestanden hatte, zeichnete er den »Scheideblick nach Italien«, und er zeichnete sich und seinen Reisebegleiter Jakob Ludwig Passavant, wie sie nach Italien schauen. Der bedrängt Goethe, »hinabzusteigen« nach Italien. Doch der junge Dichter denkt »An ein goldenes Herz, das er am Halse trug«, so der Titel eines Gedichts.

Angedenken du verklungner Freude,
Das ich immer noch am Halse trage,
Hältst du länger als das Seelenband uns beide?
Verlängerst du der Liebe kurze Tage?

Flieh ich, Lili vor dir, muß noch an deinem Bande
Durch fremde Lande.
Durch ferne Täler und Wälder wallen!
Ach, Lilis Herz konnte so bald nicht
Von meinem Herzen fallen.

Wie ein Vogel, der den Faden bricht
Und zum Walde kehrt,
Er schleppt des Gefängnisses Schmach,
Noch ein Stückchen des Fadens nach,
Er ist der alte freigeborne Vogel nicht,
Er hat schon jemand angehört.

Goethe hat es später ein »dadurch veranlaßtes Gedicht« genannt, hat es nicht in diesem Moment geschrieben, als sein Fuß,
der vielleicht nach Italien will, zurückgezogen wird. Aber es erzählt rückblickend die Situation.

Lili ist Lili Schönemann. Mit ihr ist Goethe seit Ostern verlobt. Er ist vor ihr weggefahren, um seine Liebe und um sich
selbst auf die Probe zu stellen. Lili hat ihn zu einem gefangenen
Vogel gemacht, der an der Kette hängt, die ihr Herz um seinen
Hals geschlungen hat.

Im Januar 1775 hatte Goethe die sechzehnjährige Lili kennengelernt. Sein Roman »Die Leiden des jungen Werther« war
gerade erschienen. Er rührte ganz Deutschland und machte den
Autor plötzlich bekannt, löste nicht nur Bewunderung aus,
sondern auch eine Flut von Kritiken, Nachahmungen und Par-
odien. Es erschienen »Die Berichtigung der Geschichte des jungen Werther« und in Berlin Friedrich Nikolais Schrift »Freuden
des jungen Werther.« Der sechsundzwanzigjährige Goethe ist
in der literarischen Welt in aller Munde.

Lili Schönemann ist ein Mädchen der großen Welt. Ihr verstorbener Vater war Bankier, ihre Familie gehört zur Frankfurter Gesellschaft. Goethe, der Dichter, der in aller Munde ist, ist zwar nicht gesellschaftsfähig und wird vor allem von Lilis Brüdern abgelehnt, aber er ist ein willkommenes Exotikum in dem Kreis, der sich in Offenbach im Haus der d'Orvilles trifft, der Familie von Lilis Mutter. Dort musiziert man, man tanzt, man parliert, man feiert. Lili Schönemann hat sich vorgenommen, den jungen Dichter, der den Rührroman der Zeit geschrieben hat, zu lieben. Sie verlobt sich mit ihm schon zur Frankfurter Ostermesse 1775. Sie kennt ihn gerade mal drei Monate. Und Goethe liebt das schöne Mädchen von Herzen, das Klavier spielt und singt, auch seine Gedichte.

»Neue Liebe, neues Leben« dichtet er. Aber vieles deutet schon auf eine Ahnung hin, sie nicht halten zu können, lebt sie doch in einer völlig anderen Welt als er. In einem einstrophigen Kurzgedicht schreibt er:

Bleibe, bleibe bei mir,
Holder Fremdling, süße Liebe,
Holde süße Liebe,
Und verlasse die Seele nicht!
Ach wie anders, wie schön
Lebt der Himmel, lebt die Erde,
Ach wie fühl' ich, wie fühl' ich
Dieses Leben zum ersten Mal!

Im selben Monat schreibt er einem anderen, er solle bleiben, an Friedrich Heinrich Jacobi nach Düsseldorf:

»Bleib bei mir, lieber Fritz, mir ist, als wenn ich auf Schlittschuhen zum ersten Mal allein liefe und dummelte auf dem Pfad des Lebens, und sollte schon um die Wette laufen um das wohin all meine Seele strebt.«

Goethe ist in diesem Frühjahr 1775 in einem Zwiespalt. Er hat einen Erfolgsroman geschrieben, über den man in ganz Deutschland spricht. Er hat sich verlobt, würde mit Lili Schönemann eine Frau heiraten, die er schwärmerisch liebt, aber er würde mit ihr auch Teil der Frankfurter Gesellschaft werden, die er bisher eher verachtet hat. Er würde eine bürgerliche Partie machen, aber auch in dieser Bürgerlichkeit gefangen sein. Zugleich traut er seinen Gefühlen nicht. Er hatte ein Jahr zuvor den gleichaltrigen Kaufmann und Schriftsteller Friedrich Heinrich Jacobi kennengelernt. Goethe ist fasziniert von ihm und verwirrt. In einem Brief an dessen Frau Betty hat er ihr seine Zuneigung zu ihm gestanden: »Und er und ich und ich und er.« Aber diese Schwärmerei zwischen den beiden Männern ist nicht von Dauer. Bald spottet Goethe über Jacobis literarische Versuche.

Der bleibt nicht, wie von Goethe erfleht, er entfernt sich, ist verletzt. »Wir liebten uns ohne uns zu verstehen«, wird Goethe später in seinen Tag- und Jahresheften feststellen. Je weiter sich der umschwärmte Jacobi entfernt, um so mehr nähert sich Goethe Lili an. Aber eigentlich weiß Goethe nicht, wohin er soll, auf dem »Pfad des Lebens«.

An seine Vertraute Auguste zu Stolberg schreibt er:

»Mir ist's wieder eine Zeit her für Wohl und Weh, daß ich nicht weiß, ob ich auf der Welt bin, und da ist's mir doch als wär ich im Himmel.«

Ein andermal seufzt er ihr zu, »großer Gott, was ist das Herz des Menschen.« Er kennt sich in sich selbst nicht aus, weiß aber, wenn er sich weiter in diese Liebe verstrickt, wird er in Frankfurt hängenbleiben, wird gefangen sein. Er schreibt dagegen an, schreibt sein Schauspiel »Stella« über Irrungen und Wirrungen der Liebe, über das Wechselbad der Gefühle und den Wunsch, alle Fesseln der Liebe abzustreifen.

»Ich war ein Tor, mich fesseln zu lassen. Dieser Zustand erstickt alle meine Kräfte. Dieser Zustand raubt mir allen Mut der Seele, er engt mich ein. – Was liegt nicht alles in mir? Was könnte sich nicht alles entwickeln. Ich muß fort – in die freie Welt.«

Die Sätze, die Goethe Fernando in »Stella« sprechen läßt, könnten aus seinem Mund sein.

Da kommen die Grafen zu Stolberg, die Brüder seiner unbekannten Vertrauten Auguste, nach Frankfurt zur rechten Zeit, fragen ihn, ob er mit ihnen in die Schweiz reisen wolle. Und da er fort muß in »die freie Welt«, fährt er mit. In »Dichtung und Wahrheit« wird Goethe späte Selbstanalyse treiben:

»Gerade jetzt, im Augenblick, wo es darauf ankam, einen Versuch zu machen, ob ich Lili entbehren könne, wo eine gewisse peinliche Unruhe mich zu allen bestimmten Geschäften unfähig machte, war mir die Aufforderung der Stolberge, sie nach der Schweiz zu begleiten willkommen. Begünstigt durch das Zureden meines Vaters, welcher eine Reise in jene Richtung sehr gerne sah und mir empfahl, einen Übergang nach Italien, wie es sich schicken und fügen sollte, nicht zu versäumen, entschloß ich mich daher schnell, und es war bald gepackt. Mit einiger Andeutung, aber ohne Abschied trennte ich mich von Lili; sie war mir so ans Herz gewachsen, daß ich mich gar nicht von ihr zu entfernen glaubte.«

Trotz dieser Beteuerung gelingt die Flucht. Erstmal nur bis Darmstadt, wo der Schriftsteller Johann Heinrich Merck Goethe sagt, es sei nur ein dummer Streich, daß er mit den

Gebrüdern Stolberg und mit Graf von Haugwitz fahre. In der Tat ist es eine ausgelassene Reise, auf der bei jeder Gelegenheit, schon in Darmstadt und dann in der Schweiz, nackt im Freien gebadet wird. Gern erinnert sich Goethe später daran:

»Die genaturten und sich immer mehr erhitzten Freunde suchten Labsal im Weiher; nackte Jünglinge bei hellem Sonnenschein zu sehen ... Es gab Skandal auf alle Fälle.«

Diese Jungmännertour ist eine Flucht vor der Liebe. Goethe flieht vor der zu Lili, Leopold zu Stolberg vor der zu der schönen Engländerin, die ihn abgewiesen hat. »Grenzenloses Gefühl von Jugend«, begeistert sich Goethe.

In Karlsruhe trifft er einen anderen jungen Mann, den acht Jahre jüngeren Carl August, Herzog von Sachsen-Weimar, mit seiner Verlobten, der Prinzessin Luise von Hessen-Darmstadt. Er lädt Goethe nach Weimar ein.

Der aber geht erstmal in die Schweiz, an Sesenheim vorbei, wo er vor vier Jahren vor einer anderen Liebe geflohen war, über Straßburg, wo er Lenz trifft, nach Emmendingen. Dort ist seine geliebte Schwester Cornelia verheiratet. Sie rät dem Bruder, sich von Lili zu trennen, ja, sie befiehlt es ihm gar, wie er in »Dichtung und Wahrheit« schreiben wird:

»Versprechen konnt' ich ihr nichts, ob ich ihr gleich gestehen mußte, sie habe mich überzeugt; ich ging mit dem rätselhaften Gefühl im Herzen, woran die Leidenschaft sich fortnährt; denn Amor das Kind hält sich noch hartnäckig fest am Kleide der Hoffnung, eben als sie schon starken Schrittes sich zu entfernen den Anlauf nimmt.«

Er liebt Lili, und er liebt sie nicht. Er will von ihr fort, er will zu ihr hin. In das Tagebuch der Reise in die Schweiz schreibt er, als er eine Schiffahrt auf dem Zürichsee unternimmt, das Gedicht »Auf dem See«:

Und frische Nahrung, neues Blut
Saug' ich aus freier Welt;
Wie ist Natur so hold und gut,
Die mich am Busen hält!
Die Welle wieget unsern Kahn
Im Rudertakt hinauf,
Und Berge, wolkig himmelan,
Begegnen unserm Lauf.
Aug', mein Aug', was sinkst du nieder?
Goldne Träume, kommt ihr wieder?
Weg, Du Traum, so gold du bist;
Hier auch Lieb' und Leben ist.

Erinnerung und Augenblick liegen miteinander im Streit. Immer wieder muß er die Erinnerung an Lili, seine Träume von ihr verscheuchen, um die Gegenwart zu genießen, um die Freiheit zu genießen.

In Zürich trennen sich die Gebrüder Stolberg und Goethe. Der nimmt den Theologiestudenten Jakob Ludwig Passavant mit, um auf den Gotthard zu steigen. Passavant möchte weiter nach Süden.

Am Scheideblick nach Italien angekommen, schreibt Goethe in das Reisetagebuch das Gedicht »Vom Berge«:

Wenn ich, liebe Lili, dich nicht liebte,
Welche Wonne gäb' mir dieser Blick!
Und doch, wenn ich, Lili, dich nicht liebte,
Wär', was wär mein Glück?

Lili Schönemann
Anonymes Pastell, 1782

Später verändert Goethe die letzte Zeile zu »Fänd' ich hier und fänd ich dort mein Glück?«.

Aber Goethe liebt Lili noch, die neue Gegenwart hat keine Chance, die Sehnsucht zieht ihn zurück. »Ach Lilis Herz konnte so bald nicht von meinem Herzen fallen.« Und so geht Goethe nicht nach Italien. Er versäumt es, die vom Vater gewünschte Reise zu tun. Der erste Versuch ist gescheitert.

»Mir kommt es vor, als wenn der Mensch in solchen Augenblicken keine Entschiedenheit in sich fühlte, vielmehr von früheren Eindrücken regiert und bestimmt werde. Die Lombardie und Italien lag als ein ganz Fremdes vor mir; Deutschland als ein Bekanntes, Liebwertes, voller freundlichen einheimischen Aussichten, und sei es nur gestanden: das was mich so lange ganz umfangen, meine Existenz getragen hatte, blieb auch jetzt das unentbehrlichste Element, aus dessen Grenzen zu treten ich mich nicht getraute … Schnell stand ich auf, damit ich von der schroffen Stelle wegkäme und der … heranstürmende Freund mich nicht in den Abgrund mit fortrisse.«

Es ist also nicht nur Lili, die ihn zurückkehren läßt, es ist auch eine Angst vor der Fremde und vor der Ungewißheit. Eine tiefe Unsicherheit nistet in ihm. Schnell geht es nach Zürich zurück. Dann zögert er, zu Lili und nach Frankfurt zurückzugehen. Er bleibt in der Schweiz, besucht dann erneut Lenz und Straßburg, fährt wieder an Sesenheim vorbei, hält sich in Speyer, Heidelberg und Darmstadt auf, bevor er in Frankfurt zurück ist, einen Monat, nachdem er in den Süden geschaut hat. Der Vater schilt ihn, daß er die Reise nach Italien versäumt habe, sagt, wer Neapel nicht gesehen habe, habe nicht gelebt.

Goethe hat vor allem wegen Lili den Schritt nach Italien nicht getan. Aber die Kluft zwischen ihr und ihm ist größer geworden, als er in Frankfurt zurück ist.

Wenn er schreibt, »ich vermied nicht und konnte nicht vermeiden, Lili zu sehen«, so drückt das doch aus, daß er erwogen hat, sie nicht wieder zu sehen. Er bewegt sich in einem entscheidungslosen Raum. Sie will mit ihm, da die Familie sie bedrängt, Goethe zu verlassen, weil er ohne Abschied zu nehmen weggefahren ist, nach Amerika gehen, in das »Eldorado derjenigen, die in ihrer augenblicklichen Lage sich bedrängt finden«, wie Goethe es später benennen kann. Der zieht das Vaterhaus »der über das Meer entfernten ungewissen Umgebung« vor. Er kann sich nicht entscheiden. »Ich sitze wieder in Offenbach, so vereinfacht wie ein Kind, so beschränkt als ein Papagei auf der Stange.« Er möchte weg, aber »unglücklicherweise macht der Abstand von ihr das Band nur fester, das mich an sie bindet«, gesteht er Auguste zu Stolberg, und »betrüge ich mich vielleicht selbst«, und »lang halt ich hier nicht aus, ich muß wieder fort, wohin!« Goethe braucht Hilfe, Hilfe von außen, braucht einen, der ihm den Weg, den »Pfad des Lebens« weist.

Da kommt Herzog Carl August erneut nach Frankfurt. Der Neunzehnjährige ist auf der Durchreise nach Karlsruhe, wo er die gleichaltrige Prinzessin Luise von Hessen-Darmstadt heiraten wird, die mit ihm die Vorliebe für Literatur teilt. Ein Jahr zuvor war Carl August auf einer Bildungsreise in Paris gewesen, wo er unter anderem Rousseau getroffen, aber auch eine Maitresse hatte, der er lebenslang eine Rente bezahlen würde.

Kurz bevor Carl August nach Frankfurt kam, hatte er nach der Volljährigkeitserklärung die Regierung des Kleinstaats übernommen. Der junge Herzog ist die Rettung des acht Jahre älteren Goethe. Er lädt ihn erneut nach Weimar ein. Neue Männer braucht Weimar, begabte kunstsinnige Menschen sollen um ihn sein. Zu dem berühmten Dichter des »Werther« ergibt sich spontan Sympathie. Goethe stellt eine »Anhänglichkeit« an den Herzog vom »ersten Augenblicke an« fest und ist entschlossen, ihm nach Weimar zu folgen, gegen den Widerstand seines Vaters, der von den Adligen nicht viel hält und ihre Zeit auch ablaufen sieht. Für Goethe zeigt sich am Horizont Neues Leben. Neues Lieben nicht, die alte Liebe zu Lili Schönemann muß beendet werden.

Ihr verblühet süße Rosen
Meine Liebe trug euch nicht.

Und er fügt diesem Lied, das »die Anmut dieses Unglücks« ausdrücke, noch zwei Zeilen hinzu.

Blühet, ach, dem Hoffnungslosen
Dem die Gram die Seele bricht.

Aber der Kummer bricht ihm nicht die Seele. Herzog Carl August erneuert die Einladung. Der Kammerjunker Kalb wird ihn in Frankfurt abholen, nach Weimar bringen.

»Ich entschloß mich daher abermals zur Flucht, und es konnte deshalb nichts erwünschter sein, als daß das junge herzogliche Paar von Karlsruhe nach Frankfurt kommen und ich, früheren und späteren Einladungen gemäß, ihnen nach Weimar folgen sollte.«

Aber die schnelle Flucht ist ihm verwehrt. Zum vereinbarten Termin kommt der Reisewagen des Kammerjunkers Kalb nicht, der ihn nach Weimar holen soll. Goethe sitzt in Frankfurt, wartet, versteckt sich zu Hause, denn er hat schon von allen Abschied genommen. Er verläßt das Haus nur noch vermummt, schleicht in einen großen Mantel gehüllt unerkannt durch die Stadt, in der immer noch der Magnet Lili ist, »in der Nähe einer Geliebten von der ich zwar zu trennen den Vorsatz gefaßt, die mich aber, solange noch die Möglichkeit war, mich ihr zu nähern, gewaltsam zu sich forderte«.

Goethe will sich von ihr trennen, kann sich aber nicht von ihr trennen, und so tritt er gar vermummt unter ihr Fenster, hört sie Klavier spielen, hört sie ein Lied singen, dessen Verse er an sie gedichtet hatte. So erzählt er später in »Dichtung und Wahrheit«, vielleicht eher dichtend als wahr berichtend. Der Wagen nach Weimar kommt immer noch nicht, und so nutzt der Vater die Gunst der Stunde, schickt seinen Sohn nach Italien. Johann Caspar Goethe hatte als Dreißigjähriger 1740 seine »Kavalierstour« nach Italien gemacht und hatte sie teils in deutsch, teils in italienisch auf mehr als tausend Seiten Manuskript beschrieben, als »Viaggio per l'Italia descritto da G.C.G.« Schon als Heranwachsender hatte der Sohn diese gelesen, hatte die Marmor- und Naturaliensammlung, die der Vater aus Italien mitgebracht hatte, anschauen, sich die Italienerlebnisse anhören müssen.

»Nun hatte mein Vater gutes Spiel bei der Unruhe, von der ich innerlich zerarbeitet war. Er stellte mir vor: Die Sache sei nun einmal nicht zu ändern, mein Koffer sei gepackt; er wolle mir Geld und Kredit geben, nach Italien zu gehn; ich müsse mich aber gleich entschließen, aufzubrechen. In einer so wichtigen Sache zweifelnd und zaudernd, ging ich endlich darauf ein ... Nun sollte ich in Gottes Namen nach Italien gehn.«

Er nähert sich Italien und entfernt sich von Lili. Weit kommt er nicht. Er macht in Heidelberg Station, zögert. Auf dem Weg nach Italien holt ihn dort der Wagen des Kammerjunkers Kalb ein. Goethe fährt nicht nach Italien. Auch der zweite Versuch

scheitert. Und so geht es nach Weimar. Goethes Jugend ist zu
Ende. Am Ende des 20. Buchs von »Dichtung und Wahrheit«
zitiert er dazu sich selbst, wenn er Egmont sagen läßt:

»Wohin es geht, wer weiß es? Erinnert es sich doch kaum, woher es kam.«

*

Die Reise nach Italien ist versäumt, verpaßt. Am 7. November
1775 kommt Johann Wolfgang Goethe in Weimar an und wird
sein Leben lang dort bleiben.

Vier Jahre später reist er mit Herzog Carl August, der ihn
gerade zum Geheimrat ernannt hat, in die Schweiz. Es hatte
einen Zwist zwischen ihnen gegeben, weil beide die Schau-
spielerin Corona Schröter umworben hatten. Die Reise gibt
Gelegenheit, diesen zu beseitigen und den Schwierigkeiten,
die Carl August wegen seiner ungezügelten Lebensart in Weimar hat, zu entgehen. Er reist incognito. Man steigt in Frankfurt in Goethes elterlichem Haus ab, bleibt einige Tage, dann
geht es weiter in Richtung Schweiz. Goethe, jetzt als Minister
eine Person von Ansehen, besucht unterwegs in Sesenheim
Friederike Brion, in Straßburg Lili von Türckheim, geborene
Schönemann, zwei Frauen, die er auf seine Weise geliebt hat
und vor denen er geflohen ist. Und er besucht in Emmendingen das Grab seiner geliebten Schwester Cornelia, die zwei
Jahre zuvor gestorben war. Dann geht es mit dem Herzog über
Bern und Lausanne nach Genf. Nach längerem Aufenthalt
steigt man im beginnenden Winter hinüber zum Gotthard.
Wieder schaut Goethe nach Italien hinunter. Mehrfach hat er
auf der Reise überlegt, sich von Carl August zu trennen. Auch

jetzt erwägt er, entweder mit ihm oder allein nach Italien hinunterzusteigen. Aber der Gedanke währt nur einen Augenblick. Er dreht sich um nach Norden.

Italien reize ihn auch jetzt nicht, schreibt er an Charlotte von Stein am 13. November 1779 und:

»Daß es nicht gut wäre länger von Hause zu bleiben; daß ich Euch wiedersehen werde, alles wendet mein Auge zum zweiten Mal vom gelobten Lande ab, ohne das zu sehen ich hoffentlich nicht sterben werde, und führt meinen Geist wieder nach meinem armen Dache, wo ich vergnügter als jemals Euch an meinem Kamin haben, und einen guten Braten auftischen werde.«

Also wieder nicht Italien, auch nicht im dritten Versuch. Wieder ist es eine Frau, die ihn zurückzieht, wieder kehrt er zurück in die Sicherheit des eigenen Hauses, diesmal garniert mit guter Küche.

Sieben Jahre später flieht er genau das, was ihn jetzt zurückgeholt hat, nämlich Charlotte von Stein und die Enge Weimars. Goethe hält sich im August 1786 im böhmischen Karlsbad auf, das Charlotte von Stein gerade in Richtung Weimar verlassen hat. Am 23. August schreibt er ihr dorthin, daß er, wenn er zurückkomme, in »der freien Welt« mit ihr leben werde und daß das Leben ihm erst wert sei durch sie. Eine Woche später, wenige Tage vor dem vor allen geheimgehaltenen Aufbruch Richtung Süden, klingt es schon anders:

»Ich habe bisher im Stillen gar manches getragen, und nichts so sehnlichst gewünscht, als daß unser Verhältnis sich so herstellen möge, daß keine Gewalt ihm was anhaben könne. Sonst mag ich nicht in Deiner Nähe wohnen und will lieber in der Einsamkeit der Welt bleiben, in die ich jetzt hinausgehe.«

Kaum war Goethe im November 1775 in Weimar angekommen, hatte er Charlotte von Stein kennengelernt. Sie lebte seit 1758 dort, als sie sechzehnjährig in den Dienst der Herzogin Anna Amalia eingetreten war. Vor elf Jahren hatte sie den Stallmeister Josias von Stein geheiratet, hatte sieben Kinder geboren, von denen drei Söhne noch lebten.

Begeistert hatte sie die »Leiden des jungen Werther« gelesen, hatte sich den Dichter schon vor seiner Ankunft in Weimar von dem Arzt Johann Georg Zimmermann schildern lassen. Goethe hatte bei Lavater schon einen Scherenschnitt von ihr gesehen. So disponiert und neugierig aufeinander trafen sie sich, kamen sich nach einiger Zeit näher, und es entstand eine Liebe zwischen ihnen, in der sie die Grenzen, die ihr als verheirateter Frau gegeben waren, wahrte. Goethe mag das uneingestandenermaßen nicht unlieb gewesen sein, hatte er doch zumindest eine Scheu vor körperlicher Liebe behalten, vor der »ungemischten Lust.« Charlotte von Stein habe seine Mutter, seine Schwester und seine Geliebten nacheinander beerbt, hat er mal Lavater gestanden. Er begibt sich in eine freiwillige Abhängigkeit zu der sieben Jahre älteren Frau. Sie wird ihm »Anker zwischen den Klippen.« Sie führt ihn behutsam und energisch durchs Leben. Später wird er feststellen:

»Ich fühle recht deutlich, daß ich nicht ohne Dich bestehen kann … Ja liebe Lotte, jetzt wird es mir erst deutlich, wie Du meine eigne Hälfte bist und bleibst. Ich bin kein einzelnes, kein selbständiges Wesen. Alle meine Schwächen habe ich an Dich angelehnt, meine weichen Seiten durch Dich beschützt, meine Lücken durch Dich ausgefüllt. Wenn ich nun entfernt von Dir bin, so wird mein Zustand höchst seltsam. Auf der einen Seite bin ich gewaffnet und gestählt, auf der anderen Seite wie ein rohes Ei, weil ich da versäumt habe, mich zu harnischen, wo Du

Charlotte von Stein
Kreidezeichnung von Johann Wolfgang Goethe, 1777

mir Schild und Schirm bist. Wie freue ich mich, Dir ganz anzugehören.«

Aber Goethe fühlt bald, daß das »ganz anzugehören« an Grenzen stoßen, die Liebe nie wirkliche Erfüllung bringen wird. Ein
Jahr nach seiner Ankunft nennt er Charlotte von Stein eine »an-
haltende Resignation«, und im Gedicht fragt er:

> Warum gabst du uns die tiefen Blicke,
> Unsere Zukunft ahndungsvoll zu schaun,
> Unsrer Liebe, unsrem Erdenglück
> Wähnend selig nimmer hinzutraun?
> Warum gabst uns, Schicksal, die Gefühle,
> Uns einander in das Herz zu sehn,
> Um durch all' die seltenen Gewühle
> Unser wahr Verhältnis auszuspähn?

Dieses Warum wird bis zu Goethes Flucht Antwort nicht finden. Er aber kann nicht ohne sie sein, er kann nicht mit ihr sein,
er kann sie nicht verlassen, er kann nicht zu ihr kommen.

> Ach, wenn du da bist,
> Fühl' ich, ich soll dich nicht lieben,
> Ach wenn du fern bist,
> Fühl' ich, ich lieb' dich so sehr.

An Wieland schreibt Goethe, er könne sich die Bedeutsamkeit,
die Macht, die diese Frau über ihn habe, nicht erklären. Und ihr
selbst, »wir können einander nichts sein und sind einander zuviel.« Er beginnt grundsätzlich an seiner Fähigkeit, geliebt zu
werden, zu zweifeln.

»Will mich in der Melancholie meines alten Schicksals weiden, nicht geliebt zu werden, wenn ich liebe.«

Dieser Satz könnte auch in der Umkehrung, ›nicht zu lieben, wenn ich geliebt werde‹, Schicksal für ihn sein.

Da besucht Charlotte von Stein ihn in der Nacht des 22. März im Gartenhaus an der Ilm. Was auch immer gewesen sein mag in der Nacht, ihr Verhältnis wird inniger. Aber je inniger es wird, desto mehr wächst Goethes Tendenz zur Flucht. 1783 unternimmt er eine mehrwöchige Harzreise, im Jahr darauf eine weitere. Immer häufiger hält er sich in Jena auf, er entfernt sich von ihr, und er entfernt sich innerlich von Weimar. Denn es ist nicht nur die aussichtslose Liebe zu Charlotte von Stein und die Angst vor zu großer Nähe, die ihn zur Flucht veranlassen. Auch seine Lage in Weimar behagt ihm nicht mehr. Er fühlt sich in Weimar »wie in eine Falle geführt«, und Frau von Stein klagt er:

»Ich bin recht zu einem Privatmann erschaffen und begreife nicht, wie mich das Schicksal in eine Staatsverwaltung und eine fürstliche Familie hat einflicken lassen.«

In den Jahren seit seiner Ankunft in Weimar hat Goethe kaum geschrieben. Die Entwürfe zu »Iphigenie« und zu »Torquato Tasso« bleiben unausgeführt. Nur »Wilhelm Meisters theatralische Sendung« hat er als ein bedeutendes Werk beendet. So soll die Flucht nach Italien auch eine Befreiung aus einer Lebenskrise sein und zu neuem Tun. Schließlich ist er schon siebenunddreißig Jahre alt. Nur seinen Diener Philipp Friedrich Seidel weiht er in die Reisepläne ein.

*

»Früh drei Uhr stahl ich mich aus Karlsbad, weil man mich sonst nicht fortgelassen hätte.«

So beginnt Goethe seine autobiographische Schrift »Italienische Reise«, die er fünfundzwanzig Jahre später verfaßt.

Sie wird keine Bildungsreise sein, wie es sein Vater so sehr gewünscht hat, sie ist eine Flucht in ein Neues Leben.

Als Goethe endlich den Schritt nach Italien wagt, ist sein Vater seit vier Jahren tot. Er kann nun dorthin, ohne ihm und seinen Schritten, die er im Jahr 1740 getan hatte, folgen zu müssen. Der Schatten des Vaters, der ihn immer gedrängt hat, nach Italien zu gehen, liegt nicht über der Reise.

Vater Goethe hatte sie als klassische Bildungsreise gemacht, wie sie zu seiner Zeit üblich war und wie sie von den maßgeblichen Reiseführern von Johann Georg Keyßler und Joachim Christoph Nemeitz empfohlen wurde. In ihnen, wie auch in dem von Vater Goethe ebenfalls benutzten »Nouveau Voyage de l'Italie« von Francois Maximilien Mission, war ein Katalog der Orte, der Sehenswürdigkeiten, der kulturellen und sozialen Einrichtungen der Städte und der Naturgegebenheiten aufgeführt, die nicht zu versäumen waren. Neben Akademien, Denkmälern, Bibliotheken, Früchten des Feldes, Tieren und Pflanzen, Aussichtspunkten, Handelswegen waren da aber auch Bischofssitze, seltsame Begebenheiten und Freudenhäuser aufgelistet.

Liest man die Reisebeschreibung Johann Caspar Goethes, so stellt man fest, an vieles hat er sich gehalten. Erster Zielpunkt einer Reise war Venedig, und zwar zur Zeit des Karnevals. Dann ging es über Padua, Ferrara und Bologna weiter Richtung Rom auf einer östlichen Route an der Adria entlang über Terni bis Rom und dann nach Neapel, das Ziel jeder Italienreise war.

Sohn Goethe nahm als erstes Ziel wie der Vater Venedig, nur nicht zur Zeit des Karnevals. Er hielt sich im Oktober vierzehn

Tage dort auf, genauso lang wie der Vater. Aber hier war der einzige Ort längeren Verweilens. Zwar trug Goethe auch den maßgeblichen Reiseführer seiner Zeit, den Volkmann, mit sich, hielt sich aber kaum an die Empfehlungen. Er wollte nicht reisen, sondern schnell nach Rom, hielt sich nur kurz in Florenz auf, fuhr dann über Siena, Perugia, Assisi, das er »links mit Abneigung« liegenließ, und Terni auf einer Westroute nach Rom, während der Vater die Adria entlanggefahren war über Rimini, Pesaro, Ancona, Recanati und Spoleto, Orte, an denen Goethe nicht war. Erst in Terni vereinigten sich beide Routen, und von dort ging es über die Strada Flaminia zur Porta und zur Piazza del Popolo in Rom.

Hier trifft Johann Wolfgang von Goethe alias Jean Philipp Möller am Abend des 29. Oktober 1786 ein und notiert im Reisetagebuch für Charlotte von Stein am Endpunkt der Flucht vor ihr, »ich fange nun erst an zu leben«.

Viel gesehen hat er nicht auf der Fahrt, hat weder rechts noch links geschaut, sondern blickt nach innen und voraus, hat nur das Ziel seiner Flucht im Auge, Rom.

»Ja, endlich bin ich in dieser Hauptstadt der Welt angelangt ... Über das Tiroler Gebirg bin ich gleichsam weggeflogen. Verona, Vicenz, Padua, Venedig habe ich gut, Ferrara, Cento, Bologna flüchtig und Florenz kaum gesehen. Die Begierde nach Rom zu kommen war so groß, wuchs so sehr mit jedem Augenblicke, daß kein Bleiben mehr war, und ich mich nur drei Stunden in Florenz aufhielt. Nun bin ich hier und ruhig, und, wie es scheint, auf mein ganzes Leben beruhigt. Denn es geht, man darf es wohl sagen, ein neues Leben an.«

Wo ist Goethe? Ganz Weimar stellt sich die Frage. Nicht nur Charlotte von Stein weiß keine Antwort. Selbst Herzog Carl

August erfährt erst spät davon, daß sein Minister davongelaufen, daß er in Rom ist. Am 3. November hat Goethe ihm von dort ein Lebenszeichen gegeben:

»Endlich kann ich den Mund auftun und Sie mit Freuden begrüßen. Verzeihen Sie mir das Geheimnis und die gleichsam unterirdische Reise hierher.«

Als er den Brief schreibt, zählt das neue Leben in der »Hauptstadt der Welt« schon zwei Tage. Einen Salto mortale, einen Todessprung, hat Goethe seinen Entschluß, nach Italien zu gehen, genannt. Nie ist er bisher ein Risiko eingegangen, nie hat er gewagt, fremdes Terrain zu betreten, nie hat er sicheres Gelände verlassen. Die Not war groß, er mußte gehen. Wenn nicht jetzt, so wäre es zu spät gewesen, für den Menschen Goethe, für den Dichter Goethe. Beide wären verkümmert im kleinen Weimar und in der aussichtslosen Liebe zu Charlotte von Stein. Die Stadt und die Frau hätten ihn ein Leben lang beschränkt, gehemmt, hätten jede Entwicklung verhindert. Später wäre er wohl nie mehr gegangen. Und es wäre nicht mal zum einem vierten Versuch gekommen, nach Italien zu gehen.

Salto mortale auch, weil Goethe seine Stellung am Hof von Weimar riskiert, auch wenn er auf Verständnis und Wohlwollen des Herzogs hoffen kann. Schließlich sind sie einander verbunden, auch aus den Tagen, als beide kurz nach Goethes Ankunft in Weimar wüste Touren durch die Dörfer Thüringens machten.

Goethe hofft recht, Carl August verzeiht ihm nicht nur die »unterirdische Reise« nach Italien, er gibt ihm Urlaub und Besoldung für die Zeit in Rom.

Der »Salto mortale« ist auch ein Sprung in eine neue Erfahrung. Jede Erfahrung, die Goethe bis dahin gemacht hatte, war auf sicherem Gelände erworben, sicher durch seinen Stand, durch seine Beziehungen und durch den Vater, der ihn nach Leipzig und Straßburg hatte gehen lassen.

Einige Jahre lang war Weimar das sichere Gelände gewesen, sicher durch die Gunst des Herzogs, die er auch in der Ferne nicht entzieht. Aber Goethe, der Ängstliche, der Besorgte, der nicht Wagemutige, hatte sich selbst überlisten müssen, um nicht zurückzukriechen nach Weimar, um nicht rückfällig zu werden. Daher die Eile, nach Rom zu kommen. Erst wirklich dort angekommen, kann er sicher sein, daß er den Weg, den er gekommen ist, nicht wieder zurückgeht, wie so oft zuvor.

Rom ist für den Siebenunddreißigjährigen, der sich als Reisender um fünf Jahre jünger gemacht hat, Hafen. Und im Hafen gibt es genügend Landsleute, die das Gefühl, in der Fremde zu sein, nicht aufkommen lassen.

Er mietet sich bei dem Maler Johann Heinrich Wilhelm Tischbein am Corso ein und wird sich fast ausschließlich in deutschen oder deutschsprachigen Künstlerkreisen aufhalten, wie alle Künstler nach ihm, die Rom besuchen, die die Stadt als Kulisse für ihr Schaffen nutzen.

Und Goethe findet wie in Weimar eine Frau, die er anbeten kann, die unnahbar, da verheiratet, die älter als er, die ihm Schutz in der Fremde geben kann. Es ist die acht Jahre ältere Malerin Angelika Kauffmann. Bei ihr ist er sicher vor dem Unvorhergesehenen, dem unmittelbaren Erlebnis, das in der Fremde drohen kann. Aber er ist nicht gefangen, denn sie ist eine unabhängige Frau, der die Welt der Männer fern ist. Zwar ist sie verheiratet mit dem Maler Iacopo Zucchi, war es in London zuvor mit einem Hochstapler, aber sie gilt als unnahbar, ja als unberührt und unberührbar.

Angelika Kauffmann ist eine berühmte Person in ganz Europa, und von überall her pilgert man zu ihrem Haus am Pincio. Ob König, ob Kaiser, ob Kardinal, ob Dichter, alle wollen von ihr empfangen und vor allem portraitiert werden. Goethe wird während seines ganzen Romaufenthalts das Privileg haben, Gast in ihrem Haus zu sein. Sie führt ihn durch die Museen Roms, sie begleitet ihn sonntags nach Frascati, nach Castelgandolfo. Ihr verdankt es Goethe vor allem, daß die Zeit in Rom die Zeit in seinem Leben ist, in der er sich frei und glücklich fühlt.

Später spricht er in »Die italienische Reise« von einer wahren Wiedergeburt, von dem Tag an, an dem er Rom betrat. Und gegenüber Eckermann wird er im hohen Alter die Zeit in Rom als höchstes Glück bezeichnen.

»Ja ich kann eigentlich sagen, daß ich nur in Rom empfunden habe, was eigentlich ein Mensch ist. Zu dieser Höhe, zu diesem Glück der Empfindung bin ich später nie gekommen; ich bin mit meinem Zustand in Rom verglichen, eigentlich nachher nie wieder froh geworden.«

Was aber hat nun die Zeit in Rom zu der glücklichsten in seinem Leben werden lassen?

Nach seiner Ankunft in Rom ist Goethe viel durch die Stadt gelaufen, aber die Jetztzeit interessiert ihn kaum. Er sucht die Antike.

»Ein saures und trauriges Geschäft ist es, das alte Rom dem neuen heraus zu suchen, und doch muß man es und es gibt die beste Freude. Man trifft Spuren einer Herrlichkeit und einer Zerstörung, die beide über unsere Begriffe gehen. Was die Barbaren stehen ließen, haben die Baumeister des neuen Roms verwüstet.«

Die neuen Baumeister, die das Rom der Jetztzeit so prächtig und schön erschaffen haben, waren Giovanni Lorenzo Bernini und sein Konkurrent Francesco Borromini. Ihr Roma bella, das Goethes Vater so fasziniert hat, existiert für den Sohn nicht. In Roma bella war Johann Wolfgang nicht. Er hat es gemieden. Rom, das ist für ihn die Antike, das ist die Landschaft vor den Toren der Stadt, das sind die deutschen Künstlerfreunde. Vor den Trümmern von gestern lebt er auf, in der Campagna fühlt er sich wohl. Und er zeichnet die Ruinen auf dem Palatin, oder er malt im Aquarell eine Hügellandschaft.

Nachdem er in den Jahren vor seiner Flucht nach Rom kaum noch geschrieben hat, sucht er hier sein Talent als Maler zu vervollkommnen, schließlich war er als pittore Möller nach Rom gekommen. Und er sucht den Umgang mit Malern. Wilhelm Tischbein, Angelika Kauffmann, Friedrich Bury, der Schweizer Johann Heinrich Meyer und Johann Philipp Hackert. Der deutsche Hofmaler Ferdinand I. von Neapel gibt dem Dichter aus Weimar Zeichenunterricht, nimmt ihn mit nach Tivoli, läßt ihn vor Ort die antiken Stätten zeichnen. Dabei stellt Hackert aber auch fest, daß das bildnerische Talent Goethes begrenzt ist, was der sich dann während des Romaufenthalts selbst eingestehen wird. Aber der Umgang mit den Malerkünstlern, ob vor der Staffelei oder in der Osteria, macht den Dichter glücklich, er spürt eine bis dahin nicht gekannte Freiheit und Unbekümmertheit. In einer Osteria soll Goethe auch Faustina kennengelernt haben, die stilisiert worden ist zu Goethes erstem wirklichen römischen Erlebnis, zu seinem ersten Eroticum. Aber das Mädchen hat wohl nie existiert. Sie scheint ein Geschöpf Goethes zu sein, geboren aus dem Geist der Antike und aus der Lektüre römischer Dichter wie Lukrez.

Erst als er seine »Italienische Reise« wirklich beginnt, als er wirklich reist und nicht nur fährt, und als er Neapel kennenlernt, nimmt er in der Stadt am Vesuv italienisches Leben und Treiben wahr, ist begeistert.

Als er aber Gast im Palast des Lord Hamilton in Castellamare im Golf von Neapel ist, hat ihn die Antike wieder. Der englische Gesandte am Hof von Neapel veranstaltet antike Schauspiele in griechischem Geist mit schönen Knaben und mit seiner attraktiven Frau Emma.

Auch auf der folgenden Reise nach Sizilien sucht und findet Goethe vor allem die Spuren der Antike. Schon aber zeigt sich auf der Reise über die Insel, daß Goethe ein anderer geworden ist, der genauer wahrnimmt, auch die Jetztzeit registriert:

»Italien ohne Sizilien macht gar kein Bild der Seele; hier erst ist der Schlüssel zu allem.«

Als Goethe aus Sizilien zurück in Rom ist, hat er nicht nur den Schlüssel zum italienischen Leben gefunden. Die Reise hat ihm auch den Blick in das Innere, auf sein Ich erlaubt. »In Rom habe ich mich selbst zuerst gefunden«, kann er später feststellen.

Er genießt den zweiten römischen Aufenthalt. Erst jetzt ist er wirklich in der »Hauptstadt der Welt« angekommen. Goethe ist in Italien, um glücklich zu sein.

Er genießt es, am Fenster seiner Wohnung am Corso zu stehen, hinunterzuschauen auf das Treiben des Volks, so wie ihn Tischbein gemalt hat. Das neue Leben, das nun beginnt, befreit ihn auch zu neuem Dichten. Er beendet die Schauspiele »Egmont«, »Iphigenie auf Tauris«, arbeitet am »Tasso« und am »Faust«.

Angelika Kauffmann ist mehr als zuvor seine Vertraute, ihr zeigt er die Szenen zur »Iphigenie«, bespricht sie mit ihr. Sie zeichnet die Szenen, die er ihr vorliest.

Und sie malt den wiedergeborenen Goethe, holt im Portrait vor allem die femininen Seiten des Dichters hervor, so daß er sagt, das Portrait zeige einen hübschen Knaben, aber Ähnlichkeit mit sich sehe er kaum.

Angelika Kauffmann wird auch die einzige Frau malen, in die sich der Dichter in Rom verliebt hat, die »schöne Mailänderin« Maddalena Riggi. Er hat sie in ihrer Gegenwart, während einer Sommerfrische in Castelgandolfo, kennengelernt. Aber auch sie ist glücklicherweise gebunden. Da aber bricht ihr Bräutigam das Verlöbnis, die Schöne erkrankt am Fieber der Verlassenen. Angelika Kauffmann wird ihre Freundin und malt sie. Goethe wird, als er Rom verläßt, sich von der »anmutigen Mailänderin« verabschieden, wird sie, die er aus naher Ferne verehrt hat, nie wiedersehen.

Im Januar 1788, nach vierzehn Monaten römischen Lebens, fühlt Goethe sein Ich so gefestigt, daß sich eine neue Zukunft in ihm ankündigt. Er wird Rom verlassen.

»Ich bin fleißig und vergnügt und erwarte so die Zukunft. Täglich wird's mir deutlicher, daß ich eigentlich zur Dichtkunst geboren bin, und daß ich die nächsten zehn Jahre, die ich höchstens noch arbeiten darf, dieses Talent exkolieren und noch etwas Gutes machen sollte, da mir das Feuer der Jugend manches ohne großes Studium gelingen ließ. Von meinem längeren Aufenthalt in Rom werde ich den Vorteil haben, daß ich auf das Ausüben der bildenden Kunst Verzicht tue ... Angelika macht mir das Kompliment, daß sie wenige in Rom kenne, die besser in der Kunst sähen als ich. Ich weiß wohl recht gut, wo und was ich noch nicht sehe, und fühle wohl, daß ich immer zunehme, und was zu tun wäre, um immer weiter zu sehen«.

Ende Januar kündigt Goethe Herzog Carl August an, er kehre im April nach Weimar zurück. Dabei gibt er ihm noch mal Rechenschaft über die heimliche Reise nach Rom.

»Die Hauptabsicht meiner Reise war: mich von den physisch-moralischen Übeln zu heilen, die mich in Deutschland quälten und mich zuletzt unbrauchbar machten; sodann den heißen Durst nach wahrer Kunst zu stillen. Das erste ist mir ziemlich, das letzte ganz geglückt.«

Und er bestätigt dem Herzog, daß er sich selbst wiedergefunden habe, »aber als was? Als Künstler!«.

Er verfolgt am Corso noch den römischen Carnevale, den er später schildern wird, ist aber froh, als er zu Ende ist.

»Wie froh will ich sein, wenn die Narren künftigen Dienstag abend zur Ruhe gebracht werden. Es ist eine entsetzliche Sekkatur, andere toll zu sehen, wenn man nicht selbst angesteckt ist.«

Alles steht schon unter der Stimmung des Abschieds von Rom.

»Noch bin ich in Rom mit dem Leibe, nicht mit der Seele. Sobald der Entschluß fest war, abzugehen, hatte ich auch kein Interesse mehr, und ich wäre lieber schon vierzehn Tage fort.«

Sobald Goethe merkt, etwas ist abgeschlossen, ist für ihn kein Bleiben mehr.

»Und wenn es traurig scheinen möchte, daß ich eben scheiden soll, da ich am meisten verdiene zu bleiben, so ist es doch wieder eine große Beruhigung, daß ich so lang habe bleiben können, um auf den Punkt zu gelangen.«

Goethe ist an den Punkt gelangt, an dem eine neue Bestimmung ihn führt, ihn wegführt, auch von denen, die ihn lieben.

»Mein Abschied von hier betrübt drei Personen innigst. Sie werden nie wieder finden, was sie an mir haben.«

Goethe sagt nicht, wer die drei sind. Mit Sicherheit ist es Angelika Kauffmann. Für sie war die Gegenwart des Dichters eine Innigkeit, die sie mit ihrem Mann kaum kannte, mit niemandem gehabt hatte. Der scheidende Dichter, der die Symbolik des Abschieds liebt, wenn er nicht einfach abhaut, pflanzt einen »schon einigermaßen erwachsenen Piniensprößling, Vorbildchen eines künftigen Baums« in den Garten, vor ihr Fenster.

Am 23. April 1788 verläßt Johann Wolfgang von Goethe Rom. Er wird in die Stadt, in der er glücklich war, nicht zurückkehren.

Auch in seiner Abwesenheit, der Pinienbaum vor dem Fenster der Angelika Kauffmann wird wachsen. Sie wird Goethe nicht wiedersehen.

Für die Rückreise läßt der sich mehr Zeit als für die »unterirdische Fahrt« nach Rom vierzehn Monate zuvor. In Florenz verweilt er fast zwei Wochen, schickt von dort einen Brief an Angelika Kauffmann. Er ist nicht erhalten, wir kennen aber ihre Antwort an den »teuren Freund«:

»Ihr Abschied von uns durchdrang mier Herz und Seele, der Tag Ihrer Abreis war einer der traurigen Tage meines Lebens … Mir träumte vor ein par Nächte ich hette Briefe von Ihnen empfangen, und war getröst und sagte, es ist gut, daß er geschrieben, sonst wär ich bald aus Wehmut gestorben … Ich lebe so ein trauriges Leben, in einer Art von Gleichgültigkeit, weillen ich nicht sehen kann, was ich zu wünschen sehe, oder wen ich sehe, ausgenommen unseren würdigen Freund Reiffenstein, mit dem ich von Ihnen sprechen kann. Die Sonntage, auf die ich mich sonsten so sehr gefreut, haben sich in traurige Tage verändert. Und sie sagen, die Sonntage kommen nicht wieder, das will ich nicht hoffen. Das Wort nicht wieder kommen tönt zu hart.«

Wieder einmal hat Goethe einen ihn liebenden Menschen zurückgelassen, weil für ihn die Zeit der Gemeinsamkeit zu Ende ist, weil er zu neuem Leben aufbrechen muß. Angelika Kauffmann, die nunmehr siebenundvierzig Jahre zählt, hat die Liebe nie wirklich kennengelernt. Ein einziges Mal vielleicht in London, da aber war es ein Heiratsschwindler, der unmittelbar nach der Hochzeit enttarnt wurde. Ihre Ehe mit dem Maler Iacopo Zucchi war eine Freundschaft, ein Agrément zum gegenteiligen Nutzen. In dieser Lage war ihr der deutsche Dichter, der sie umwarb, ohne sie besitzen zu wollen, der ihr huldigte, den sie leiten konnte, der »teure Freund«, dem sie ihr Herz schenken konnte, ohne daß sie ihre Würde verlor. Und doch scheint er ihre Gefühle verwirrt zu haben. Auf seinen nächsten Brief aus Florenz antwortet sie wie eine jung Verliebte:

»Aber mier gehets wie es mier gegangen da Sie hier waren, Ihre Gegenwart machte mich confus, da sitze ich mit der Feder in der Hand, hätte vieles zu sagen, möchte gern Ihnen vieles sagen, alle Empfindungen meines Herzens klagen, aber was hilft das, alles, was ich sagen kann, bringt sie nicht zurück.«

So konfus das Herz ihr auch schlägt, sie weiß, denn sie kennt Goethe, er kommt nicht zurück, nichts kann ihn von dem Weg, den er geht, wenn es sein Weg ist, der ihm bestimmt ist, abbringen. Sie nennt den 23. April, den Tag seiner Abreise, einen »fatalen Tag, der sie in Trauer gesetzt«, hofft auf Erfüllung ihrer Liebe zu ihm, »in jener Welt wird es hoffe ich bestimmt sein, daß Freunde sich nicht mehr trennen, glückliches Leben mich freut schon darauf.« Sie besucht mit ihrem Ehemann Iacopo

Zucchi Goethes Wohnung am Corso und schreibt, »konnte fast nicht von der Stelle kommen«.

Währenddessen reist Goethe weiter nach Norden, über Mailand, wo er sich eine Woche aufhält, nach Como. Ob er den Lago Maggiore, die Borromeischen Inseln gesehen hat ober ob er dort nicht war, darüber streiten Goetheforscher seit Jahrzehnten. Auf jeden Fall geht er nicht über den Gotthard, meidet die Stelle, die Wasserscheide, von der er zweimal nach Italien geblickt hat, es aber versäumt hat, hinunter in das Land zu gehen, in dem er gerade, es vielleicht noch nicht wissend, die glücklichste Zeit seines Lebens verbracht hat. Er nimmt den Splügenpaß und kommt am 31. Mai, also mehr als einen Monat nach seiner Abreise aus Rom, in Chur an, in der Stadt, in der seine Freundin Angelika Kauffmann geboren wurde.

Dann geht es schnell zurück. Am 18. Juni 1788 ist Goethe in Weimar, wo er bis zu seinem Tod leben wird.

Aber er ist ein anderer geworden. Herzog Carl August entlastet ihn von fast allen Regierungsgeschäften unter Beibehaltung der Titel und der Besoldung. So kann Neues Leben beginnen, Neues Lieben auch, denn drei Monate später lernt er Christiane Vulpius kennen und sofort lieben. Sie ist das Eroticon, das das Phantasiegeschöpf Faustina in Rom angerührt hat. Er löst das Verhältnis zu Charlotte von Stein. Die Flucht nach Rom hat ihn von ihr befreit.

In Weimar erwarten ihn Briefe der Angelika Kauffmann.

»Diese Briefe kommen zu oft, werden Sie mir sagen … daß ich mit meinen Gedanken (ich darf nicht sagen wie oft) in Weimar bin, das weiß ich – dass meine Tage ohne Freude und ohne Genuß vorübergehen, das weiß ich auch … Die Pinie ist schön und schon gute zwei Zoll gewachsen.«

Häufig kommen die Briefe aus Rom. Sie beklagt die Langsamkeit der Post. Die Ungeduld der Angelika Kauffmann wächst, aber Goethes Briefe kommen immer seltener, er selbst sowieso nicht. Dafür kommt Besuch aus Weimar. Zum einen Herzogin Anna Amalia, mit der sich die Malerin sofort versteht, und es kommt Johann Gottfried Herder, der versucht, Goethes Stelle an der Seite Angelika Kauffmanns einzunehmen, fast so wie einst Lenz bei Friederike in Sesenheim.

Dem Dichter mag es recht gewesen sein. Die Herzogin lädt die Malerin nach Weimar ein, »wissen Sie, ich komme nach Weimar«, schreibt sie an Goethe, aber vorher solle er doch noch mal nach Rom kommen.

Aber sie ist so wenig in Weimar gewesen, wie er nochmal in Rom war. Sie muß sich begnügen mit den Gefährten des Dichters, die sie aufsuchen und von dem teuren Freund erzählen.

1791 kommt Friedrich Leopold Graf zu Stolberg nach Rom, sucht die Malerin auf, nachdem er ihre Gemälde in den Museen von Petersburg und Florenz gesehen hat, ist begeistert von ihrer »Güte und Adel des Herzens.« Johann Heinrich Meyer, Goethes Freund aus römischen Tagen, den er an den Hof von Weimar geholt hat, besucht die Malerin Mitte der neunziger Jahre, erzählt ihr von Goethe und schreibt an ihn:

»Die Angelika ist noch immer munter. Sie sieht gesunder, fetter und jünger aus als ehemals und malt noch ebensogut oder besser als zu unserer Zeit.«

1790 ist Goethe noch einmal in Italien gewesen. Er soll die Herzogin Anna Amalia, die einige Jahre am Hof von Neapel gelebt hat, abholen. Er wartet in Venedig auf sie sechs Wochen lang. Kein Weg führt ihn weiter in den Süden, nach Rom. Stattdessen langweilt er sich in der Lagunenstadt, schreibt »Venezianische

Epigramme«, entdeckt die Wirbeltheorie des Schädels, schaut »neugriechische Gemälde« an und erzählt in einem Gedicht von einer Bettine und ihren erotischen Verrenkungen als Schlangentänzerin. Als die Herzogin endlich eintrifft, muß er an ihrer Seite noch vierzehn Tage in Venedig aushalten. Er sehnt sich nach Weimar zurück, zu seiner Geliebten Christiane Vulpius und zu seinem kurz vor der Abreise geborenen Sohn August, »mein Mädchen und mein Kleiner.« Kein Gedanke führt nach Rom und zu Angelika Kauffmann. Jeder Gedanke geht nach Weimar. An Herzog Carl August schreibt er in der Wartezeit:

»Übrigens muß ich im Vertrauen gestehen, daß meiner Liebe für Italien durch diese Reise ein tödlicher Stoß versetzt wird. Nicht daß mir's in irgendeinem Sinne übel gegangen wäre, wie wollt' es auch? Aber die erste Blüte der Neigung und Neugierde ist abgefallen, und ich bin doch auf oder ab ein wenig schmelfungiger geworden. Dazu kommt meine Neigung zu dem zurückgelassnen Erotio und zu dem kleinen Geschöpf in den Windeln.«

Die Bitternis des Wartens und das Heimweh vergällen Goethe das Land, das er so geliebt hat und das er auch in der Gestalt Faustinas so idealisiert hatte.

Das Vierte Venezianische Epigramm haben sie diktiert:

Das ist Italien, das ich verließ. Noch stäuben die Wege,
Noch ist der Fremde geprellt, stell' er sich, wie er auch will.
Deutsche Redlichkeit suchst du in allen Winkeln vergebens;
Leben und Weben ist hier, aber nicht Ordnung und Zucht;
Jeder sorgt nur für sich, mißtrauet dem andern, ist eitel,
Und die Meister des Staats sorgen nur wieder für sich.

Schön ist das Land! doch ach, Faustinen find' ich nicht
wieder.
Das ist Italien nicht mehr, das ich mit Schmerzen verließ.

Da ist wieder der Goethe, der das Fremde nicht liebt, der sicheres Terrain braucht, der den »guten Braten« in der eigenen Küche vorzieht und die »einheimischen Aussichten«, wie er 1775 und 1779 schrieb, als er am Scheideblick war und schaudernd sich abwendete nach »Deutschland als ein Bekanntes«.

Italien ist schön, das Land, als Kulisse, wo die Zitronen blühn, aber es ist auch »Welschland«, das man mißachtet.

Nur in der Erinnerung ist Goethe Italien lieb. Bis ins hohe Alter hinein läßt Goethe sich von jedem Italienreisenden, der nach Weimar kommt, ausführlich berichten. Die Reisen anderer mögen als seine gelten. Und auch Angelika Kauffmann in Rom läßt sich erzählen von Reisenden, die in Weimar waren, von Friederike Brun etwa.

Als die Malerin, die auch noch im Alter von aller Welt verehrt wurde, im November 1805 stirbt, wird ihr Sarg in einem großen Trauerzug durch Rom getragen mit dem Bildhauer Antonio Canova an der Spitze. Zwei ihrer Bilder werden mitgetragen sowie ihre von Canova aus Marmor gestaltete rechte Hand auf einem Samtkissen. Goethe wird von diesem europäischen Ereignis erfahren haben. Wir wissen nicht, was er gedacht oder dazu gesagt hat. Vielleicht hat auch Madame de Staël, die Jahre zuvor lange bei Angelika Kauffmann in Rom war und Goethe 1803 in Weimar besucht hatte, von der Freundin erzählt. Wir wissen es nicht.

Die Pinie in ihrem Garten ist weiter gewachsen.

Keinen Schritt mehr hat Goethe in ihre Richtung getan.

Anfang August 1792 besteigt Johann Wolfgang von Goethe in Weimar seine Reisekutsche, das »Chaischen«, das ihm Herzog Carl August einst schenkte, um nach Frankreich zu fahren. Er reist nicht freiwillig, sondern äußerst ungern. Kaum kann er seine Gefährtin Christiane Vulpius verlassen und das Haus am Frauenplan, das der Herzog vor wenigen Wochen für ihn gekauft hat. Zwei Jahre zuvor war er schon von Christiane getrennt worden, als er nach Venedig mußte, um dort auf die Herzoginmutter zu warten und sie nach Weimar zu führen. Gerade wieder zu Hause angelangt, hatte er den Herzog nach Schlesien zu begleiten. Das Jahr 1791 hingegen konnte er in Weimar mit Freundin und Sohn genießen.

»Ein ruhiges Jahr innerhalb des Hauses und der Stadt zugebracht«, notiert er in den »Tag- und Jahresheften.« Die Ereignisse in Frankreich, die Revolution vom Juli 1789 und ihre Folgen kümmern ihn wenig. Nun muß er mit der Armee der Alliierten, in der auch Herzog Carl August als Befehlshaber seiner Aschersleber Kürassiere zugegen ist, gegen die Diktatur des Volks ziehen, dem revolutionären Spuk in Paris ein Ende machen. Carl August wünscht den Freund und Dichter an seiner Seite, damit er bei dem historischen Ereignis dabei ist, wenn der kleine Herzog von Weimar ins große Paris einzieht und dort frühstückt, ein deutscher Traum, der in den beiden nächsten Jahrhunderten noch mehrmals geträumt werden wird.

Aber Goethe läßt sich Zeit, will nicht nach Frankreich, will nicht nach Paris, will nicht in den Krieg, möchte zu Hause bleiben. So fährt er erstmal zu seiner Mutter nach Frankfurt, bleibt dort eine Woche und schreibt an Friedrich Heinrich Jacobi:

»Gegen mein mütterliches Haus, Bette, Küche und Keller wird Zelt und Marquetenderei übel abstechen, besonders da mir weder am Tode der aristokratischen noch demokratischen Sünder im mindesten etwas gelegen ist ... Deswegen wünschte ich mich wieder zwischen die Thüringer Hügel, wo ich doch Haus und Garten zuschließen kann.«

Eile hat der Dichter nicht, in den Krieg zu ziehen. Er besucht in Mainz, der Hochburg der Revolutionssympathisanten, Georg Forster, den Jakobiner, und andere Freunde.

»Die Freiheit eines wohlwollenden Scherzes auf dem Boden der Wissenschaft und Einsicht verlieh die heiterste Stimmung. Von politischen Dingen war die Rede nicht, man fühlte, daß man sich wechselseitig zu schonen hatte. Denn wenn sie republikanische Gesinnungen nicht ganz verleugneten, so eilte ich offenbar mit einer Armee zu ziehen, die eben diesen Gesinnungen und ihrer Wirkung ein entschiedenes Ende machen sollte.«

Goethe, der keinerlei Sympathie für Revolutionen hat, vor allem, weil sie die Ordnung stören und Chaos verursachen, ist sich der Rolle bewußt, die er an der Seite der Alliiertenarmee spielt, die nach Frankreich zieht, um die alte Ordnung wiederherzustellen. Schon in Jena hatte er im Auftrag des Herzogs rebellierende Studenten, die mit den Pariser Ereignissen sympathisierten, zur Ruhe gebracht, nun also geht er mit der Armee nach Paris.

Landschaft mit dem Freiheitsbaum
Aquarell über Feder- und Bleistiftzeichnung 1792 von
Johann Wolfgang von Goethe

Aber er nimmt sich weiter Zeit in der Hoffnung, sie richte alles. Er fährt über Bingen, bleibt einige Tage in Trier, fährt weiter in Richtung Longwy. Auf dem Weg sieht er den ersten Freiheitsbaum mit den blauweißroten Bändern. Er nimmt sich vor, ihn aus der Erinnerung für den Prinzen von Gotha, einen Freund der Franzosen, zu zeichnen und zu aquarellieren.

»Passants, cette terre est libre«, »Passanten, dieses Land ist ein freies Land« ist auf dem Schild zu lesen, das den Übertritt in das revolutionäre Frankreich ankündigt. Endlich kommt Goethe im preußischen Lager bei Longwy an, trifft seinen Herzog, begeht dort seinen dreiundvierzigsten Geburtstag »mitten in Regen und Kot.« Er ist entsetzt über die hygienischen Zustände im Lager, meldet, allerdings schonend, nach Hause an Christiane, der er versprochen hat, schöne Dinge aus Paris mitzubringen:

»Es ist fast anhaltender Regen, die Menschen werden weder Tag noch Nacht trocken, und ich kann sehr zufrieden sein, daß ich in des Herzogs Schlafwagen eine Stelle gefunden habe, wo ich die Nacht zubringe. Alle Lebensmittel sind teuer und rar, alles rührt und regt sich, um die Existenz nur ein wenig leidlicher zu machen.«

Er schildert ihr aber auch erste militärische Erfolge, als zwei blauweißrote Fahnen, einige Pferde und Kanonen als Beute ins Lager gebracht werden, was die Stimmung hebe, »worüber man sogleich Regen und Kot vergaß«.

Aus Verdun schickt er ihr Likör und Zuckerwerk, schreibt, daß er wegen des Vormarschs keine Zeit habe, hypochondrisch zu sein. Auch den Dichter hat die Euphorie gepackt, bald nach Paris ziehen zu können. Aber nach der Einnahme von Verdun stockt der Vormarsch, und an Christian Gottlieb Voigt berichtet er, daß die »Unternehmung« sich wohl in die Länge ziehe, daß die Armee sich »gleich einer Heuschrecke« zu einem neuen Sprung vorbereite. Aber noch ist Goethe sicher, Paris zu erreichen. Während des Verharrens der Armee hat er Gelegenheit, Studien anzustellen.

»Den Kriegsgang unter einem so großen Feldherrn und die französische Nation zu gleicher Zeit näher kennenzulernen gibt auch einem müßigen Zuschauer Unterhaltung genug.«

Der müßige Kriegsbetrachter Goethe findet auch gar Zeit für seine Naturstudien. Bei Verdun beobachtet er Fische, die in einem mit klarem Wasser gefüllten Erdtrichter schwimmen und prismatische Farben einer bunten Scherbe widerspiegeln. Alles was um ihn herum passiert und wenig mit dem Krieg zu tun hat, interessiert ihn. Er schreibt an Christiane von den französischen Betten, »wärst Du jetzt bei mir. Es sind überall große breite Betten, und du solltest Dich nicht beklagen, wie es manchmal zu Hause geschieht.« Aber er beklagt sich auch, »denke nur, wir sind so nah an der Champagne und finden kein gut Glas Wein.« Goethe liest französische Schriftsteller, die er sonst nicht gelesen hätte, und er nutzt die Zeit, so gut er könne, berichtet er Knebel nach Weimar. Der Krieg ähnelt einer Landpartie, wenn das Wetter nicht so abscheulich wäre, und er fährt fort an Knebel:

»In diesen vier Wochen habe ich manches erfahren, und dieses Musterstück von Feldzug gibt mir auf viele Zeit zu denken. Es ist mir sehr lieb, daß ich alles mit Augen gesehen habe und daß ich, wenn von dieser wichtigen Epoche die Rede ist, sagen kann: Et quorum pars minima fui.«

Man zieht noch einige Kilometer weiter auf Paris zu, dann aber geschieht die Katastrophe dieses »Musterstücks von Feldzug.« In Valmy beginnt die »Kanonade«, die die alliierte Armee derart unter Beschuß nimmt, daß sie zurückweichen muß.

Mehr als zwanzig Jahre später erinnert Goethe sich in »Kampagne in Frankreich«, seinem Bericht über den Feldzug, an den Tag:

»Die größte Bestürzung verbreitete sich über die Armee. Noch am Morgen hatte man nichts anderes gedacht als die sämtlichen Franzosen anzuspießen und aufzuspeisen, ja mich selbst hatte das unbedingte Vertrauen auf ein solch Heer, auf den Herzog von Braunschweig, zur Teilnahme an dieser gefährlichen Expedition gelockt; Nun aber ging jeder vor sich hin, man sah sich nicht an, oder wenn es geschah, so war es um zu fluchen, oder zu verwünschen.«

Der Vormarsch ist gestoppt, die französische Revolutionsarmee erweist sich plötzlich als zumindest ebenbürtig, und Goethe macht, wie er nur selbst Jahre später berichtet, seinen berühmt gewordenen Spruch:

»Von hier und heute geht eine neue Epoche der Weltgeschichte aus, und ihr könnt sagen, ihr seid dabei gewesen.«

Goethe tut hier in Valmy noch etwas, das, wenn man sein ganzes Leben betrachtet, einzigartig ist. Er bringt sich selbst in Gefahr. Er, der immer große Angst vor dem Tod hat, begibt sich mitten in das Geschoßfeuer. Er will das »Kanonenfieber« kennenlernen und studieren, das getragen ist von einem »Geist, den jede Gefahr zur Kühnheit, ja zur Verwegenheit aufruft.« So zieht Geheimrat Goethe allein über das Schlachtfeld, während um ihn herum geschossen wird. Einmal etwas erleben, aber dann ist er froh, daß bald alles zu Ende geht. An Christian Voigt schreibt er:

»Es läßt sich viel über das alles sagen, es wird viel gesagt werden, und doch wird ein großer Teil dieser sonderbaren Geschichte ein Geheimnis bleiben. Von den Hindernissen, die durch Witterung und Wege entstanden sind, hat niemand einen Begriff, als wer mitgelitten hat. Wir haben in diesen sechs Wochen mehr Mühseligkeit, Not, Sorge, Elend, Gefahr ausgestanden und gesehen als in unserem ganzen Leben.«

Und an Christiane berichtet er nach Weimar:

»Du wirst nun wohl schon wissen, daß es nicht nach Paris geht … Der Krieg geht nicht nach Wunsch, aber Dein Wunsch wird erfüllt, mich bald wieder nahe zu wissen.«

Aber baldig ist die Rückkehr nach Weimar nicht. Der Weg über Frankfurt ist abgeschnitten, weil dort schon die französische Armee ist. So geht Goethe über Luxemburg, Trier und Koblenz den Rhein hinauf nach Düsseldorf, wo er fast einen Monat im Hause von Friedrich Heinrich Jacobi bleibt.

Aus Luxemburg erhält das Ehepaar Herder einen Brief, auf dessen Rückseite Goethe jenen Freiheitsbaum mit Jacobinermütze gezeichnet hat, den er zu Beginn der »Kampagne« gesehen hat.

»Aus der mehr historischen und topographischen als allegorischen Rückseite werden Ew. Liebden zu erkennen geruhen, was für Aspecten am Himmel und für Conjuncturen auf der Erde gegenwärtig merkwürdig sind. Ich wünschte, daß diese Effigiation zu heilsamen Betrachtungen Anlaß geben möge. Ich für meine Person singe den lustigsten Psalm Davids dem Herrn, daß er mich aus dem Schlamm erlöst hat, der mir bis an die Seele ging ... Ich eile nach meinen mütterlichen Fleischtöpfen, um dort wie von einem bösen Traum zu erwachen, der mich zwischen Kot und Not, Mangel und Sorge, Gefahr und Qual, zwischen Trümmern, Leichen, Äsern und Scheißhaufen gefangen hielt.«

Am 16. Dezember 1792 ist Johann Wolfgang von Goethe in Weimar zurück. Der Ausflug nach Paris hat ein vorzeitiges Ende gefunden. In Paris war Goethe nicht, und er wird auch keine Anstalten mehr machen, dorthin zu fahren.

*

Mehr als zwanzig Jahre zuvor hatte Goethe einmal den Plan gehabt, nach Paris zu gehen, hatte ihn aber schnell wieder verworfen. Als er zur Beendigung seines Studiums nach Straßburg geht, plant er, von dort weiter nach Paris zu ziehen.

Als Ernst Theodor Langer, Goethes Freund in Leipzig, fragt, wann er nach Italien gehe, antwortet er ihm aus Straßburg:

»Nach Italien Langer! Nach Italien! Nur nicht über's Jahr. Das ist mir zu früh, ich habe die Kenntnisse noch nicht, die ich brauche, es fehlt mir noch viel. Paris soll meine Schule sein, Rom meine Universtität.«

Auch Goethes Vater, der nach seiner Italienreise in Paris war, hat seinem Sohn empfohlen, erst nach Paris zu gehen und dann nach Italien, weil man nach Italien Paris fade finde, sich an nichts mehr »ergötzen« könne. Also bereitet sich Goethe in

Straßburg darauf vor, in die Hauptstadt zu ziehen. Französisch konnte er seit seiner Jugend gut, und in »Dichtung und Wahrheit« schreibt er, »die französische Sprache war mir von Jugend auf lieb.« Während der französischen Besatzung Frankfurts war in Goethes Elternhaus ein kunstsinniger Leutnant einquartiert, was zwar oft zu Auseinandersetzungen mit dem Vater führte, aber Johann Wolfgang lernte viel von ihm. Und er hatte die Gelegenheit, Theater aus Frankreich in der Stadt am Main zu sehen. Es machte ihm Spaß, sich mit seiner Schwester Cornelia in französisch zu unterhalten, und aus Leipzig hat er ihr viele Briefe in der fremden Sprache geschrieben. Dort auch hat er an einer Bearbeitung eines Lustspiels von Pierre Corneille gearbeitet, hat viel französische Literatur gelesen. Er war geradezu disponiert dazu, von Straßburg aus nach Paris zu gehen, was dazu führte, daß man ihn, wenn er längere Zeit nicht in Straßburg gesehen wurde, in Paris glaubte. In Wirklichkeit war er aber wieder mal in Sesenheim bei Friederike Brion. Ein Kommilitone machte sich gar einen Scherz. Er ließ Goethe einen Brief aus Versailles datieren, so daß man wirklich annahm, er sei in Paris. Da aber zu der Zeit bei einem Feuerwerk aus Anlaß der Hochzeit Marie-Antoinettes mehrere Menschen getötet worden waren, machte man sich in Straßburg Sorgen um ihn. Als Goethe dorthin zurückkam, spielte er den Verwunderten, ließ aber alle glauben, er sei in der französischen Hauptstadt gewesen. Hier aber war Goethe nicht, er war wohl wieder in Sesenheim gewesen.

Zwei Gründe sind es, die dazu geführt haben, daß Goethe seinen Plan, nach Paris zu gehen, aufgibt, obwohl sein Mentor Johann Daniel Salzmann ihm immer wieder dazu rät, in die Hauptstadt zu ziehen. Zum einen ist es die Kritik, die Herder an der französischen Literatur führt, die er veraltet und eine Hof- und Salonliteratur nennt. Hingegen preist er die Volkspoesie und die englische Literatur, was dazu führt, daß sich Goethe von der französischen Literatur, die er so lange geliebt hatte, und damit auch von dem Land abwendet.

In »Dichtung und Wahrheit« resümiert er Jahrzehnte später, wie er von der »französischen Seite auf die deutsche herübergetreten« sei.

»So waren wir denn an der Grenze von Frankreich alles französischen Wesens auf einmal bar und ledig. Ihre Lebensweise fanden wir zu bestimmt und zu vornehm, ihre Dichtung kalt, ihre Kritik vernichtend, ihre Philosophie abstrus und doch unzulänglich.«

In Anspielung auf Voltaire wirft Goethe den Franzosen »Unredlichkeit« vor, während er die »deutsche Natur- und Wahrheitsliebe« preist. Er spricht von Abneigung und Verdruß gegenüber den Franzosen. Verstimmt und verunsichert hat Goethe auch, daß die Pariser Gäste, die in das »elsässische Halbfrankreich« nach Straßburg kamen, seinen deutschen Akzent im Französischen monierten. Diese »pedantische Ungerechtigkeit« ärgert Goethe so, daß er später noch sich erinnert:

»Wir fassen daher den umgekehrten Entschluß, die französische Sprache gänzlich abzulehnen und uns mehr als bisher mit Gewalt und Ernst der Muttersprache zu widmen.«

Goethe meidet so auch die französischen Kreise der Stadt, hält sich fast ausschließlich unter deutschen Studenten und Gelehrten auf. Schon lange hat er den Plan aufgegeben, von Straßburg nach Paris zu gehen. Er versäumt in seiner Jugend die Reise nach Paris, die ihm neue Horizonte hätte eröffnen können. Und er wird sie nicht mehr nachholen.

Im August 1771 verläßt er »Halbfrankreich« und kehrt nur noch einmal gezwungenermaßen nach Frankreich zurück, als er am Krieg gegen die Revolution von Paris teilnimmt.

In den Jahren nach Straßburg, in der Zeit, die er in Frankfurt, Wetzlar und Weimar vor der Reise nach Italien verbringt, zeigt Goethe wenig Interesse an Frankreich. Er hingegen wird in Paris ein gefeierter Autor, als »l'auteur de Werther«.

Erst die Vorboten der Revolution um 1785 lenken Goethes Blick wieder nach Paris. Es ist ein besorgter Blick. Als aber der Sturm auf die Bastille im Juli 1789 die Revolution ausbrechen läßt, betrifft ihn das kaum, beunruhigt sie ihn nicht. Er ist gerade ein Jahr aus Rom zurück, hat seine Christiane kennen- und lieben gelernt, schreibt den vorerst letzten Brief an Frau von Stein, richtet in Jena eine »Botanische Anstalt« ein, vollendet den »Tasso«, beschäftigt sich mit der Farbenlehre, der Metamorphose der Pflanzen und wird am Ende des Jahres Vater. »Meine Lage ist glücklich, wie sie ein Mensch verlangen kann«, schreibt er an Friedrich Heinrich Jacobi, fügt nur lakonisch den Satz an, »daß die französische Revolution auch für mich eine Revolution war kannst Du denken.«

Erst als er im Frühjahr 1790 in Venedig sitzt und wartet, »Venezianische Epigramme« dichtet, finden sich darin Bemerkungen zur französischen Revolution.

Alle Freiheitsapostel, sie waren mir immer zuwider,
Willkür suchte doch nur jeder am Ende für sich.
Willst du viele befrein, so wag' es, vielen zu dienen.
Wie gefährlich das sei, willst du es wissen? Versuch's!

Frankreichs traurig Geschick, die Großen mögen's bedenken!
Aber bedenken fürwahr sollen es Kleine noch mehr.
Große gingen zu Grunde: doch wer beschützte die Menge
Gegen die Menge? Da war Menge der Menge Tyrann.

Lange haben die Großen der Franzen Sprache gesprochen,
Halb nur geachtet den Mann, dem sie vom Munde nicht floß.
Nun lallt alles Volk entzückt die Sprache der Franken.
Zürnet, Mächtige, nicht! Was ihr verlanget, geschieht.

Für Goethe ist die Revolution vor allem eine Auseinandersetzung »zwischen Ordnung und Unordnung, zwischen Erhalten und Verderben«, wobei er sowohl die Versäumnisse der Fürsten und Könige sieht als auch den Terror der Menge vorausahnt. Da der Terror in Paris zum Alltag wird, notiert Goethe in seinen Tag- und Jahresheften, daß ihn die »ungeheuren Bewegungen innerhalb Frankreichs jeden Tag beängstigten und bedrohten«. In den »Xenien« spricht Goethe gar eine »Warnung« aus:

Deutsche, haltet fest an eurem Wesen, und daß Euch
Frankreich diesseits des Mains, jenseits des Rheins nicht
betört.

Erst als Napoleon die französische Revolution beerbt, wie Goethe es genannt hat, ist sie für ihn eine gute, denn Napoleon stellt Ordnung wieder her, ein Begriff, der für den Dichter und Minister aus Weimar eine zentrale Kategorie ist. Für seine Tat erhebt Goethe den kleinen Korsen aufgrund dessen dämonischer Natur später zum Halbgott, wie Eckermann von einem Gespräch im März 1831 berichtet:

»Er war es durchaus ... im höchsten Grade, so daß kaum ein anderer ihm zu vergleichen ist ... Dämonische Wesen rechneten die Griechen unter die Halbgötter.«

Goethe ist zeitlebens ein Bewunderer Napoleons geblieben, selbst als dieser in Deutschland verteufelt wurde, selbst als die

Franzosen ihn verjagt hatten. In einem Brief an Knebel, der im übrigen ein Weimarer Sympathisant der Revolution gewesen war, nennt er Napoleon »die höchste Erscheinung, die in der Geschichte möglich war«.

Und diese Erscheinung Napoleon, der ein Bewunderer des »Werther« ist, ihn siebenmal gelesen haben will, bittet den Dichter am 2. Oktober 1808 zu einer Audienz nach Erfurt. Er lädt ihn ein, nach Paris zu kommen, wie ihn auch der französische Schauspieler Talma in die Stadt an der Seine einlädt, dort eine Theaterfassung des »Werther« auf die Bühne zu bringen. Aber Goethe folgt den Einladungen nicht. Er verläßt Deutschland nicht, geht nicht auf fremdes Terrain.

Aber bei jeder Gelegenheit trägt er den Orden, den Napoleon ihm verliehen hat, selbst dann, als das in Weimar nicht mehr wohl gelitten wird. Er erfährt mit Genugtuung, daß sein »Faust« in Frankreich von Gérard de Nerval übersetzt wird, daß er dort früher auf der Bühne zu sehen ist als in Deutschland.

Er empfängt viele Besucher aus Paris und läßt sich über die Ereignisse dort berichten, liest mit »Temps« und »Globe« französische Zeitschriften bis zu dem Tag, als in Paris 1830 die Julirevolution ausbricht.

Von da an läßt er sie ungelesen liegen, widmet sich seinen Naturforschungen, schreibt an Zelter:

»Ich bin wieder in die Naturbetrachtungen geraten, welches für mich, der ich ein nachdenklicher Mensch bin, doch immer das Beste bleibt … Das Pariser Erdbeben hat seine Erschütterungen durch Europa lebhaft verzweigt; ihr habt ja auch einen Fieberstoß empfunden. Alle Klugheit der noch Bestehenden liegt darin, daß sie die einzelnen Paroxysmen unschädlich machen, und das beschäftigt uns denn auch an allen Orten und Enden. Kommen wir darüber hinaus, so ist's wieder auf eine Weile ruhig. Mehr sag ich nicht.«

Paris hat Goethe nie gesehen. Er hat es versäumt, hat es gemieden. Frankreich ist für ihn ein fremdes Terrain, das ihn zeitweise fasziniert, oft verdrossen und das er gefürchtet hat.

Es scheint so, als hätte sich Goethe nicht nur davor gefürchtet, nach Paris zu gehen, in die europäische Metropole des Geistes und der Politik. Er hat alle Hauptstädte der damaligen Welt gemieden.

Er war nie in London, nie in Wien oder Petersburg, den Zentren neben Paris. Auch Berlin, das langsam Bedeutung gewann, hat er nur einmal gesehen, kurz und flüchtig, und hat nie die Absicht gehabt, es ein zweites Mal zu besuchen. Weimar war sein Zentrum der Welt. Hätte er aber London, Paris, Wien oder Petersburg mit eigenen Augen gesehen, wie klein wäre ihm bei der Rückkehr die Stadt an der Ilm erschienen, und wie klein hätte er sich wohl gefühlt. So schützte er sich davor, Weimar einmal wirklich zu verlassen, schützte sich davor, feststellen zu müssen, was er versäumt hatte. Bewußt hat er die Metropolen der Welt gemieden. Über das nur geahnte Versäumnis setzt er sich mit Ironie hinweg, wenn er in »Die Lustigen von Weimar« 1813 dichtet:

> Laßt den Wienern ihren Prater
> Weimar, Jena, das ist gut.

Rom und Neapel waren die einzigen großen Städte, die einzigen Hauptstädte, die er neben Berlin gesehen hat. Aber Rom war zu jener Zeit geistig, kulturell und politisch ein unbedeutender Ort und für ihn nur Remake der Antike. Neapel mit seinem nicht unbedeutenden Hof und kulturellen Glanz lag an der Peripherie europäischen Geistes und europäischer Politik.

Hat Goethe auch die großen Städte der Welt nie gesehen, so wußte er doch, was in ihnen geschah. Er sieht sich als »ein Weltenkenner«, wie er an Zelter schreibt. So konnte Goethe da sein, wo er nicht war.

Er hatte vor allem in späteren Jahren die bedeutendsten Zeitungen und Zeitschriften aus London, Paris und Berlin abonniert. Zudem berichteten ihm die zahlreichen Besucher aus aller Welt, die Weimar aufsuchten, manches Detail aus den Ländern und Städten, in denen er nie war. So war Weimar zeitweise ein südlicher Vorort Londons geworden, denn es war in den 20er Jahren des 19. Jahrhunderts Mode geworden, für eine Zeit nach Weimar zu gehen.

Eine wahre Flut von jungen Engländern suchte die Nähe des Dichters und besuchte den Salon der Ottilie von Goethe, die ein Herz für die jungen Gäste von jenseits des Kanals hatte und sie in Weimar zum Tanzen brachte.

An Carl August Varnhagen von Ense schreibt ihr Schwiegervater nicht frei von Ironie:

»Eine Kolonie junger Engländer, Schotten und Irländer, die sich hier in einer gewissen Folge perpetuiert, veranlaßt unsere Frauenzimmer, englische Sprache und Kultur zu kultivieren, und es ist nicht zu leugnen, daß daraus eine geistreiche interessante Unterhaltung entsteht.«

Frederic Soret äußert sich deutlicher, wenn er sagt, daß ihm Ottilies Salon weniger gefalle als früher, weil man dort jetzt vor allem »eine Menge halbwüchsiger Engländer von fünfzehn, sechzehn Jahren« finde.

Eckermann gibt den in Weimar residierenden Engländern,

die im Pensionat des Professors Melos Unterkunft finden, Deutschunterricht, um sein geringes Salär, das er von Goethe als Sekretär erhält, aufzubessern.

Natürlich suchen auch bedeutende englische Persönlichkeiten den Dichter auf, die ihm von England und von London erzählen. So der General William Congreve, der zugleich Erfinder der Brandrakete und Weltreisender ist, oder der Schriftsteller James Henry Lawrence, den Goethe schon seit 1799 kennt und der oft und für lange Zeit nach Weimar kommt.

Der Dichter korrespondiert mit anderen Dichtern von der Insel, mit Walter Scott, Thomas Carlyle, Lord Byron und mit vielen Gelehrten. Sie unterrichten ihn über Literatur, über die Londoner Gesellschaft und über Naturforschungen, so der Wolkenexperte Luke Howard.

Auch Herzog Carl August, der 1814 eine Englandreise unternommen hat, erzählt ihm von London, wie er ihm zuvor schon von seinen Parisreisen berichtet hatte. Nie aber ist bei Goethe der Wunsch entstanden, mit dem Herzog dahin oder dorthin zu reisen.

Und man lädt Goethe nach London ein. Der aber kommt nicht, reist in seinem Sessel, wenn er etwa die dreibändigen Reisebeschreibungen des Barons Pierre Charles Dupin »Voyages dans la Grande Bretagne« liest, um sie anschließend mit dem zu vergleichen, was man ihm erzählt.

Goethe weiß natürlich um die politische und geistige Bedeutung der Metropole London, und gerade darum hat er nie vorgehabt, dorthin zu reisen. Im Januar 1825 bekundet er gegenüber Eckermann sein Interesse an der englischen Nation und stellt fest, »käme ich nach England hinüber, ich würde kein Fremder sein.« Er muß also nicht reisen, um da zu sein, wo er nicht war.

*

Augusto Bozzi Granville, englischer Arzt, Spezialist für ägyptische Mumienforschung und Mitglied der von Peter dem Großen gegründeten Petersburger Akademie der Wissenschaften, berichtet in seinem »Journal of travels to and from a capital« von einem Gespräch mit Goethe im Januar 1828, in dem der sich auch gut unterrichtet zeigt über die Lage in der neuen Hauptstadt des russischen Reichs.

»Während dieser Unterredung zeigte Goethe großes Verlangen nach umfassender Unterrichtung, besonders in Hinsicht auf England und seine zahlreichen Institutionen, aber auch bezüglich der Stadt St. Petersburg, die für ihn dabei war, rasch zur ersten Hauptstadt des Kontinents aufzusteigen; dies nach Ansicht der vielen intelligenten Reisenden, mit denen er sich darüber unterhalten hatte.«

Weimar hatte ja durch die Zarentochter Maria Paulowna, die 1804 den Erbherzog Karl Friedrich geheiratet hatte, enge Beziehungen zu Petersburg. Goethe mochte die kunstliebende, attraktive junge Frau, unterhielt sich oft mit ihr über Literatur, Kunst, Wissenschaft und über ihre alte Heimat. Zu Eckermann sagte er:

»Sie ist von jeher für das Land ein guter Engel und wird es mehr und mehr ... Ich kenne die Großherzogin seit 1805 und habe Gelegenheit in Menge gehabt, ihren Geist und ihren Charakter zu bewundern. Sie ist eine der besten und bedeutendsten Frauen unserer Zeit, und würde es sein, wenn sie auch keine Fürstin wäre.«

Wegen Maria Paulowna, die Goethe auch »Serenissima« nennt, herrscht zwischen Weimar und Petersburg ein reger diplomatischer und privater Reiseverkehr. Der Dichter hat an ihm trotz mehrerer Aufforderungen nie teilgenommen, hat die Stadt an der Newa nie mit eigenen Augen gesehen, hat sich aber immer für ihr Schicksal interessiert. Als im September 1812 beim Einzug Napoleons Moskau abbrennt, die alte Hauptstadt, die an das ehemalige ›unzivilisierte‹ Rußland erinnert, schreibt Goethe sarkastisch an Karl Friedrich von Reinhard:

»Das Moskau verbrannt ist, tut mir gar nichts. Die Weltgeschichte will künftig auch was zu erzählen haben.«

Als aber Petersburg im Dezember 1824 überschwemmt wird, sorgt er sich um die neue Hauptstadt Rußlands. Zusammen mit dem Weimarer Baumeister Coudray beugt er sich über einen Plan der Stadt und erörtert ihre unsinnige Anlage durch Peter den Großen. In einem Brief an Caroline von Egloffstein nennt er diese eine »Torheit.« Die Gräfin, Hofdame von Maria Paulowna, lebte ein Jahr lang als Begleiterin der Zarentochter am Hof in Petersburg, wohnte im Winterpalais und unterrichtete Goethe regelmäßig vom dortigen Geschehen. Als die Gräfin wieder zurück ist in Weimar, umwirbt er sie, hofft, wohl vergeblich, sie »würde die einsamen, fast öden Stunden, die sich manchmal um mich her zu lagern drohen, durch Ihre Gegenwart beleben … Hiermit aber sei genug, wo nicht zuviel gesagt«, gesteht er ihr brieflich.

Auch sie erhob Vorwürfe gegen die Anlage der Stadt. In Petersburg führe das dazu, daß man »alle frühere Eitelkeit« vergesse und sich nun wieder nach dem »friedlichen Moskau« sehne.

Ihr gegenüber spricht Goethe von seiner »Einbildungskraft«, die ihn nicht nur oft vor ihr Fenster im Winterpalais geführt habe. Sie führt ihn auch durch Städte, die er wie Petersburg nie gesehen hat, ersetzt eine Reise, auch die in die kommende »erste Hauptstadt des Kontinents.« Wenn er auch in Wirklichkeit in Petersburg nie war, die Imagination hat ihn dorthin gebracht.

*

Auch in Wien war Goethe nicht, und doch war er da. Die Stadt mit dem Prater, den er den Wienern gönnt, den aber einer aus Weimar, besonders ein »lustiger«, nicht braucht, war seit langem ein Zentrum europäischer Politik und Kunst, und 1815 Zentrum politischer Neuordnung Europas, als dort der »Wiener Kongreß« abgehalten wird. Auch der Großherzog von Weimar nimmt an ihm teil, berichtet Goethe mehrfach davon. Aber der Herzog und Freund hat den Dichter nicht als Begleiter mitgenommen. Das tut er seit 1792 nicht mehr. So war Goethe nicht in Wien. Er, der doch so gern tanzte, tanzte lieber in Karlsbad, wo die Wiener Gesellschaft sich ja auch sommerlich zu Tanz und Tratsch vereinte.

Im Jahr 1812 trifft Goethe in Böhmen zwei Größen der Wiener Gesellschaft, diesmal in Teplitz, nicht in Karlsbad.

An Carl Friedrich von Reinhard schreibt er am 13. August 1812:

»Den Begriff, den ich mir von dieser außergewöhnlichen Dame im Zeitraum von vier Wochen vollständig bilden konnte, ist ein reicher Gewinn für das ganze Leben. Ich darf nicht anfangen, von ihr zu reden, weil man sonst nicht aufhört. Auch sagt man in solchen Fällen eigentlich gar nichts, wenn man nicht alles sagt. Eine solche Erscheinung gegen das Ende meiner Tage zu erleben, gibt die angenehme Empfindung, als wenn man bei Sonnenaufgang stürbe.«

Die Erscheinung, von der Goethe wie ein jung Verliebter spricht, ist Maria Ludovica, die Frau des österreichischen Kaisers Franz des Ersten. Kaiserin nennt er sie.

»Beethoven habe ich in Töplitz kennengelernt. Sein Talent hat mich in Erstaunen gesetzt; allein ist er leider eine ganz ungebändigte Persönlichkeit, die zwar gar nicht unrecht hat, wenn sie die Welt detestabel findet, aber sie freilich dadurch weder für sich noch für andere genußreicher macht.«

Seinem Freund, dem Musiker Zelter, erzählt Goethe von der Begegnung mit der »lakonischen Natur« aus Wien. Anlaß für die Bemerkung über die »ganz ungebändigte Persönlichkeit« ist ein Vorfall, der sich ereignet, als der Dichter und der Komponist auf der Promenade von Teplitz spazierengehen. Die Kaiserliche Familie fährt vorbei, alle Welt bildet Spalier, Goethe zieht den Hut und verbeugt sich tief, Beethoven drückt seinen Hut auf den Kopf und wendet sich ab. Der Komponist wirft dem Dichter vor, er habe sich zu tief gebückt. »Dann habe ich ihm den Kopf gewaschen« schreibt er, und »Goethe behagt die Hofluft zu sehr, mehr als einem Dichter ziemt.« Aber der Dichter verzeiht dem Komponisten, schiebt alles auch darauf, daß er sein Gehör verliere und deshalb so mißmutig sei. Immerhin hatte der ja auch eine Musik zu seinem »Egmont« geschrieben und einige seiner Gedichte vertont wie »Neue Liebe, Neues Leben«.

An Christiane berichtet er nach Weimar, den Komponisten fast bewundernd:

»Zusammengefaßter, energischer, inniger habe ich noch keinen Künstler gesehen. Ich begreife recht gut wie er gegen die Welt wunderlich stehen muß.«

Goethe bewundert Beethovens Spiel, er fährt mit ihm in die Nähe von Teplitz nach Blin, verbringt den Abend bei ihm. Der Streit ist vergessen, sie schätzen einander.

Achtundzwanzig Jahre später spielt der junge Felix Mendelssohn in Weimar dem Dichter Beethovens 5. Sinfonie auf dem Klavier vor.

Die »Kaiserin« Maria Ludovica lernt Goethe nicht erst im Sommer von Teplitz, also 1812, kennen. Er hat sie schon zwei Jahre zuvor in Karlsbad gesehen. Und man hatte ihm schon 1808, als Goethe auch in den böhmischen Bädern war, von ihr vorgeschwärmt, man pries ihre grazile Schönheit, ihr heiteres, ja heftiges Wesen. Wahrscheinlich hatte er auch schon ihr Portrait gesehen, hatte ihre italienische Herkunft bemerkt, sie war eine geborene Prinzessin von Este. Als man den Dichter um einige Verse für ihre Ankunft in Karlsbad bittet, sagt er sofort zu. Sie werden ihr übergeben, er ihr vorgestellt. Goethe ist begeistert:

»Die Gegenwart der Kaiserin hat uns alle in Bewegung gehalten … Ihr Aussehen ist zart, aber eben nicht kränklich … Sie trinkt Eselsmilch, weil man ihre Brust für angegriffen hält, und scherzt oft über ihre Milchgeschwister … Ihre Augen sind lebhaft, ihr Mund klein und ihre Rede schnell. In ihren Äußerungen hat sie etwas Originelles.«

Er schreibt für sie noch drei weitere Gedichte, das dritte aus eigenem Antrieb, das vierte auf ihren Wunsch, wie er stolz vermerkt. Aber beide sehen sich in Teplitz nicht mehr.

Im folgenden Winter kommt in Weimar eine goldene Dose an, besetzt mit Brillanten, die den Namen Maria Ludovica buchstabieren. Caroline von Humboldt weiß immer Bescheid, »die Kaiserin hat mir mehrmals von dem Glück gesprochen, das Ihre Bekanntschaft, teurer Goethe ihr gewährt habe«, schreibt sie. Einen Winter später wird der Dichter aus Weimar Ehrenmitglied der »Kaiserlichen Akademie der Künste« von Wien.

Im Sommer 1812 fährt Goethe wieder nach Karlsbad, wohin auch Maria Ludovica kommen soll. Die aber trennt sich von ihrem Mann Kaiser Franz und ihrer etwa gleichaltrigen Stieftochter Marie-Louise, die seit zwei Jahren mit Napoleon verheiratet ist, den ihre Stiefmutter aber nicht ausstehen kann. Sie fährt allein nach Teplitz. Was tun nun mit dem Gedicht, das Goethe auch jetzt auf ihre Ankunft geschrieben hat? Er schickt es an seinen Freund Carl August nach Teplitz, der auch ein Auge auf die schöne Kaiserin geworfen hat. Der gibt es ihr, und sie äußert den Wunsch, Goethe solle ihr vorlesen. Er bricht sofort von Karlsbad nach Teplitz auf. Beinahe täglich sehen sie sich. Er liest ihr vor, im »Herrenhaus« oder im »Gartentempel der Kaiserin«, wie er im Tagebuch vermerkt. An Christiane berichtet er nach Weimar, »nach Tafel befahl die Kaiserin auf die anmutigste Weise, daß ich die Gedichte vorlesen sollte«. Neben den Gedichten liest er aber auch seinen Tasso, schließlich gibt es da auch eine von Este, »Iphigenie«, auch »Pandora« und immer wieder das Gedicht »Wirkung in die Ferne.« Das beruht auf einem Gedanken des Philosophen Friedrich Wilhelm Schelling, der in »Von der Weltseele« geschrieben hatte:

»Der Begriff einer Wirkung in die Ferne ... beruht ganz auf der idealistischen Vorstellung des Raums. Denn nach dieser können zwei Körper in der größten Entfernung voneinander als sich berührend, und umgekehrt, Körper, die sich wirklich berühren, als aus der Entfernung aufeinander wirkend vorgestellt werden.«

Maria Ludovica ist die ideale Geliebte Goethes. Sie ist unerreichbar, da mit dem Kaiser verheiratet, sie ist in der Ferne, in Wien, aber es existiert die Wirkung der Liebe aus der Ferne. Und Goethe liebt, liebt wieder einmal eine Unerreichbare. In einem Brief an Christiane drückt er es deutlich verschlüsselt aus:

»Fast alle Morgen habe ich das Glück gehabt, der Kaiserin vorzulesen. Sie spricht meistens dazwischen und äußert sich über die bedeutendsten Gegenstände mit außerordentlichem Geist und Originalität. Man kann sich kaum einen Begriff von ihren Vorzügen machen. Ihr werdet über gewisse Dinge, die ich zu erzählen habe, erstaunen, beinahe erschrecken.«

Das Teplitzer Badepublikum, das ja zum Großteil aus Adligen aus aller Welt bestand und aus vielen Wiener Gästen, staunte auch, und die Hofdame der Kaiserin, Josephine Gräfin O'Donell, die nicht gerade verschwiegen war, hatte ihrerseits eine Schwäche für den Dichter entdeckt. So beginnen Klatsch und Tratsch zu blühen. Schon 1810 in Karlsbad hatte der örtliche Polizeikommandant nach Wien vom Treffen Goethes mit Maria Ludovica berichtet. Nun bleibt kaum verborgen, was in ihrem Haus und im Garten täglich vor sich geht. Maria Ludovica hat zwar darauf geachtet, daß nie eine Zeile von ihr an den Dichter gelangt, und hat ihm auch verboten, sie in seinen späteren Gedichten zu erwähnen, aber ihr selbst ist nicht verborgen geblieben, daß sie für den Dichter von »Wirkung in die Ferne« Zuneigung empfindet.

Auf ihre Anregung hin schreiben sie noch ein kleines Theaterstück zusammen, »Die Wette«, in dem es darum geht, wie

Maria Ludovica, Kaiserin von Österreich
Miniatur, 1812 von Jean-Baptiste Isabey,
Aquarell auf Elfenbein

zwei Liebende sich verhalten, die durch eine Wette getrennt sind. »Die Wette« soll aufgeführt werden, in den verschiedenen Rollen die Kaiserin, der Dichter, Gräfin O'Donell und andere. Das Stück wird geprobt, kommt nicht zur Aufführung. Da erkrankt Goethe. Die Kaiserin verläßt Teplitz. Gräfin O'Donell, über die alle weiteren Kontakte laufen, übermittelt dem Dichter am Krankenbett noch einen Abschiedsgruß.

Am Tag darauf fährt Goethe nach Karlsbad zurück. Er wird Maria Ludovica nicht mehr wiedersehen. Sie stirbt im April 1816 im Alter von neunundzwanzig Jahren. Sie war schon lange an der Lunge erkrankt.

Goethe schreibt an seinen Verleger Johann Friedrich von Cotta:

»Der große Verlust, den ich dieses Jahr durch den Tod der Kaiserin von Österreich erlitten, hat mich so getroffen, daß mein poetisches Talent darüber verstummt.«

Aber es verstummt nicht lange, denn er schreibt weiter an den Gedichten des »West-östlichen Divan.« In ihm und in einigen anderen Gedichten gibt es versteckte Hinweise auf Maria Ludovica, so im Gedicht »Geheimstes« aus dem »Buch der Liebe«, das ja vor allem Marianne von Willemer gilt.

Im »Buch der Betrachtungen« ist ein kurzes Gedicht zu finden, das Goethe im Sommer 1818 in Franzensbad in Erinnerung an Maria Ludovica verfaßt hat.

Woher ich kam? Es ist noch eine Frage,
Mein Weg hierher, der ist mir kaum bewußt,
Heut nun und hier am himmelfrohen Tage
Begegnen sich wie Freunde Schmerz und Lust.
O süßes Glück, wenn beide sich vereinen!
Einsam, wer möchte lachen, möchte weinen?

Lange hat Goethe die Erinnerung an Maria Ludovica bewahrt. An Reinhard schreibt er fünf Jahre nach ihrem Tod:

»Den Tod der höchstseligen Kaiserin hab' ich noch nicht verwunden, es ist eben, als wenn man einen Hauptstern am Himmel vermißte.«

Als Franz Grillparzer, der Dichter aus Wien, den Dichter von Weimar besucht, zeigt der ihm seine Erinnerungsstücke an die Kaiserin, die er in ein seidenes »halborientalisches Tuch« eingeschlagen hat.

Grillparzer kommt aus der Stadt, in der der Goethekult zu Lebzeiten des Dichters voller erblüht als anderswo. Vor allem eine Frau ist es, die ihn befördert. Sie trägt ein Medaillon über dem Herzen, in dem eine Locke des Dichters liegt. Sie schickt ihm aus Wien Kaviar, Zander, Fasane und Schokolade. Goethe, der geschmeichelt ist, von dieser schönen Frau verehrt zu werden, dankt ihr:

»Sie haben unter so vielen liebenswürdigen Eigenschaften die besondere, daß sie die kleinen grillenhaften Wünsche ihrer Freunde für etwas halten, und, um sie zu befriedigen, sich eine gefällige Mühe geben mögen.«

Aber Marianne von Eybenberg versorgt den dichtenden Gourmet von Weimar nicht nur mit Eßbarem, sie unterrichtet ihn über alles, was in Wien passiert, über Kunst, Literatur, Politik, Tratsch und Intrigen. So sehr Goethe sie als Gesellschafterin schätzte, so sehr mag er sich vor dieser selbständigen schönen Witwe, die der in der Erzählung »Der Mann von fünfzig Jahren« ähnelt, gefürchtet haben. Sie stirbt in dem Sommer, gerade vierzig Jahre alt, als Goethe mit Maria Ludovica täglich zusammensitzt.

Seine zuverlässigste Quelle für Neuigkeiten aus Wien ist versiegt. Aber jetzt will ganz Wien ihn in der Stadt des Praters haben. Man lädt ihn ein, nicht nur zu einem Besuch, man will ihn aus Weimar weglocken. Man soll ihm gar die Leitung eines Theaters angeboten haben. Aber Goethe denkt nicht daran, aus Weimar wegzuziehen. Nicht mal zu einem Besuch Wiens rafft er sich auf.

An Sara von Grotthus, die Schwester der Marianne von Eybenberg, schreibt er nach Berlin:

»Die Fähigkeit zu solchen Entschlüssen vermindert sich bei mir von Jahr zu Jahr und ich kann es nicht mehr weiter bringen als meine Zeit unter Weimar, Jena und Karlsbad zu teilen.«

Seinem Freund Zelter teilt er nach Berlin mit, warum er nicht in die großen Städte will und schon gar nicht nach Berlin, das er mehr als andere Städte verachtet, einen »gottlosen Ort« nennt, wo »wunderliche Leute« und ein »verwegener Menschenschlag« leben.

»Gedenke Deines Freundes im stillen Park bei Weimar, indessen du in Prachtherrlichkeit, Trommelrausch und Getümmelwoge der Königstadt dich umtreibst und umtrieben wirst, sich durch Tätigkeit gegen das Tuende wehrt und fast abmüdet.«

Goethe zieht das ihm vertraute Terrain vor, fürchtet, in den Metropolen der Welt sinnlos umhergetrieben und vorzeitig müde zu werden, fürchtet, daß ihm die Kraft für sein Werk genommen wird.

Er hat sein Weimar, und wenn er reisen will, befördert ihn seine Einbildungskraft in alle Ecken der Welt, während er im Sessel sitzt oder an der Ilm spazieren geht.

Im September 1779 trifft Goethe einen, der überall dort war oder sein wird, wo er selbst nicht war. Johann Georg Forster war um die ganze Welt gefahren, hatte Europa erkundet. Aber er wird mit neununddreißig Jahren in Paris sterben. Er hat sich weit in die Welt hinausgewagt und ist an ihr zugrunde gegangen. Das wäre Goethe nie passiert.

Im September 1779 kommt Goethe zusammen mit Herzog Carl August auf dem Weg von Weimar nach Frankfurt in Kassel an. Dort besucht er Forster, der am Carolinum der Stadt Professor für Naturkunde ist.

Der Dichter bleibt drei Tage, notiert im Tagebuch, »viel gefragt und geschwatzt.« Goethe fragt viel, denn der vierundzwanzigjährige Forster weiß viel und weiß mehr von der Welt zu erzählen als irgendein anderer in der Welt, ausgenommen sein Vater Reinhold. Mit ihm ist er vier Jahre zuvor um die Welt gereist. Beide haben an der Weltumsegelung des Engländers James Cook teilgenommen. »Voyage Round the world« von Forster junior war 1777 in England erschienen, kurz darauf auch auf deutsch zu lesen gewesen. Der Vater hatte mit »Observations« seine naturkundlichen und ethnologischen Erkenntnisse der Reise beschrieben, der Sohn hatte sie übersetzt. Schon als Elfjähriger war der Sohn mit dem Vater, der ein Buch »Anmerkungen über die beste Methode mit Nutzen zu reisen« verfaßt hatte, an die Wolga gereist, um die Lage der dortigen Kolonialisten zu untersuchen. Anschließend war man in Petersburg gewesen, hatte einige Jahre in London verbracht, hatte Paris kennengelernt.

Da gab es in der Tat viel zu fragen und zu schwatzen. Denn für Goethe, der ja selbst nicht gern und nicht viel reiste, war der junge Mann eine Fundgrube. Er konnte sein Wissen um fremde Länder und Städte bereichern, und er konnte mit ihm fachsimpeln über die eigenen naturwissenschaftlichen Forschungen. Nach einem Besuch Forsters bei Goethe in Weimar folgt ein reger Briefwechsel. Goethe liest Forsters »Ansichten vom Niederrhein, von Brabant, Flandern, Holland und England«, die 1791 erscheinen, schreibt über die Lektüre, »man mag, wenn man geendigt hat, wieder von vorne anfangen und wünscht sich mit einem so guten, so unterrichtetem Beobachter zu reisen.« Dann geht Goethe sofort über zum ausführlichen Bericht seiner Forschungen zur Farbenlehre in seiner »Camera obscura.« Hier wird der ganze Unterschied zwischen den beiden Forschern sichtbar, Forster ist in die Welt gegangen, Goethe verkriecht sich in die »Camera obscura«, die er seit Jahren im sogenannten Jägerhaus in Weimar eingerichtet hat. Die Erzählungen und Reisebeschreibungen Forsters legen bei Goethe den Grundstein für sein Vermögen, in der Imagination Reisen machen und Länder kennenlernen zu können, in denen er nie war.

Als Goethe Forster 1792 in Mainz trifft, ist alles anders. Der Dichter zieht gegen die Revolution in den Krieg, Forster ist Präsident des Jakobinerclub Mainz. Er wird als Abgeordneter der »Mainzer Republik« nach Paris gehen, wo er 1794 an einem Schlaganfall stirbt.

Im selben Jahr lernt Goethe Alexander von Humboldt kennen. Der hat Forster 1790 auf der Reise durch Westeuropa begleitet und wird nun auch dessen Nachfolger bei Goethe für Berichte aus aller Welt. Im ersten Brief an ihn schreibt der Dichter:

»Da Ihre Tätigkeit, Ihre Liebhaberei und Bestimmung Sie in Bewegung erhalten, so habe ich Hoffnung, sie von Zeit zu Zeit in unseren Gegenden zu sehen, und mit dem, was Sie denken und tun, immer bekannter zu werden.«

Goethe setzt also nicht auf die eigene Bewegung, um seine Kenntnisse der Welt zu erweitern, sondern auf die der anderen, läßt die Reisen anderer als die eigenen gelten. Und da ist Alexander von Humboldt eine zweifache Bereicherung. Zum einen bereist der die ganze damals bekannte Welt, zum anderen hat er wie Goethe geologische und morphologische Interessen, so daß der Dichter und dilettierende Forscher sich mit dem Wissenschaftler austauschen kann. 1795 treffen sie erstmals zusammen, und zwei Jahre später kommt es zu einem regen Gedankenaustausch in Weimar. Vier Jahre danach bricht Humboldt zu einer mehrjährigen Reise nach Südamerika auf, lebt anschließend in Paris, schreibt u. a. »Ideen zu einer Physiognomik der Gewächse«, die Goethe in der Jenaischen Allgemeinen Literaturzeitung bespricht.

Er schildert die Insel Kuba, Peru, Pläne für den Panamakanal, das Klima und die Geologie in Asien, berichtet über Vulkane, wobei Goethe mit ihm in Fragen der Vulkanologie uneins ist. Humboldt unternimmt eine Rußlandexpedition und wertet sie auf Schloß Tegel aus, besucht Goethe, um ihm zu erzählen. In einem Gespräch mit Eckermann sagt der:

»Man kann sagen, er hat an Kenntnissen und lebendigem Wissen nicht seinesgleichen. Wohin man rührt, er ist überall zu Hause und überschüttet uns mit geistigen Schätzen. Er wird einige Tage hierbleiben und ich fühle schon, es wird mir sein, als hätte ich Jahre verlebt«.

Warum auch soll Goethe in der Welt reisen, wenn die Welt zu ihm kommt, um ihm von den Welten, in denen er nie war, zu berichten.

Auch Bruder Wilhelm von Humboldt, der sowohl naturwissenschaftliche als auch literarische Interessen hat, erzählt dem Dichter von seinen Reisen nach Frankreich, nach Spanien, so daß dieser hofft, »durch Sie dereinst die großen Lücken, sie sich in meiner Kenntnis dieser Länder befinden, aufgefüllt zu sehen. Denn was man durch einen gleichgesinnten Freund erfährt, ist nahezu als wenn man es selbst erfahren hätte.«

Im Laufe der langen Jahre in Weimar empfängt der Dichter eine Vielzahl von Reisenden aus aller Welt, die die ihnen bekannte Welt verlassen haben, um ins Unbekannte vorzustoßen. Ins Unbekannte vorstoßen, das ist Goethes Sache nicht. Es sei denn in Lektüre und Erzählung.

So läßt er sich erzählen, von Dominique Vivant Denon über Ägypten, der mit Napoleon das Land am Nil erobert und in »La Description de l'Egypte« einen noch heute gültigen mehrbändigen Forschungsbericht veröffentlicht hat. Auch hat er im Auftrag des französischen Kaisers den Louvre mit Beutekunst aus den eroberten Ländern bestückt.

George Henry Calvert, der amerikanische Literaturhistoriker, schildert ihm seine Heimat, ebenso wie George Bancroft, zeitweise Minister und amerikanischer Botschafter in Berlin, der Goethe nicht nur besuchte, sondern auch in einer Bostoner Zeitschrift einen Beitrag über Leben und Genius Goethes veröffentlicht hatte. Der glaubt sich bald so gut auszukennen auf dem neuen Kontinent, daß er meinte, Ereignisse in Europa mit denen in Amerika vergleichen zu können, und er wußte, daß Amerika das Land der Zukunft war, weiß es gar im Gedicht.

Amerika, du hast es besser
Als unser Kontinent, das alte,
Hast keine verfallene Schlösser
Und keine Basalte.
Dich stört nicht im Innern
Zu lebendiger Zeit
Unnützes Erinnern
Und vergeblicher Streit.

Als Herzog Carl Bernhard, Carl Augusts zweiter Sohn, von seiner Nordamerikareise zurückkommt und Goethe sein Reisejournal liest, findet die Amerikaphantasie nicht nur Niederschlag im ersten Buch der »Wanderjahre«, er schreibt gar an Carl August:

»Ich wünschte durch bekannte und unbekannte Teile der nordamerikanischen Staaten an der Hand dieses wackeren Fürstenmanns wohl einen Besuch abzustatten.«

Gelegentlich flackert der Wunsch auf, wirklich zu reisen, um etwas Neues kennenzulernen, wie auch Kanzler Müller aus den Gesprächen mit Goethe zu berichten weiß. Aber schließlich zieht er es doch vor, neben dem Bekannten, das er noch nie gesehen hat, auch noch das bisher Unbekannte, das er noch nie gesehen hat, durch Lektüre oder Bericht zu erkunden.

Teile Asiens, vor allem Indien, lernt er so durch Forster und August Wilhelm von Schlegel kennen, Griechenland hatte er schon früh mit der Seele gesucht und in der »Iphigenie« auch gefunden. Nach Athen, Delphi oder Ephesos mußte er nicht reisen, zumal er ja in Rom gewesen war, das für ihn die Antike in der Gegenwart darstellte. Im Orient hatte er sich lange aufgehalten mit den Gedichten des Hafis und mit seinen eigenen des »Divan«.

Die Fähigkeit, da gewesen zu sein, wo er nicht war, ist besonders deutlich am Beispiel Prag. In den böhmischen Bädern hat Goethe viele Sommergäste kennengelernt, die ihm von der Stadt an der Moldau erzählt haben. Im Jahr 1807 nennt er es noch »unverantwortlich«, daß er sie nie besucht hat, und äußert die Absicht, das nachzuholen. Graf Joseph von Auersperg, Karl August Varnhagen von Ense, Graf Kaspar Sternberg berichten ihm aus Prag, und Zelter schreibt, »die Augen gingen mir über« vor dem Reichtum der Stadt. Aber da glaubt Goethe schon, er könne der Versuchung widerstehen, nach Prag zu gehen, schreibt an Constanze von Fritsch, er sei dort ziemlich zu Hause. Man muß ihm nur viel erzählen von einem Ort, und schon meint Goethe, dort zu sein. Er begebe sich oft genug nach Prag, seitdem es für ihn lebendig geworden sei, berichtet er. Er kennt sich aus, schildert Lili Parthey, von wo aus man in Prag die beste Aussicht auf die Stadt habe.

Er selbst hatte von Weimar her die beste Aussicht auf die Welt und die Orte, an denen er nie war. Darin war Goethes Imaginationskraft unermeßlich.

Wo ist Goethe? Diese Frage ist in Weimar oft gestellt worden. Denn hier war er nicht. Monatelang nicht.

Im Jahr 1795 etwa verbringt er fast die Hälfte des Jahres wo-anders, ist über Wochen in Jena, einen Monat in Karlsbad, dann in Ilmenau. Seine Freundin Christiane Vulpius sitzt allein im Haus am Frauenplan, wartet auf ihn und erwartet wieder mal ein Kind.

Die Besucher, die nach Weimar kommen, um den Dichter zu sehen, klopfen vergeblich an seiner Tür. Goethe ist nicht da. Den Sommer verbringt er in den böhmischen Bädern, während Christiane sich im nahen Bad Lauchstädt vergnügt oder in Wei-mar den Garten umgräbt.

1797 bricht Goethe Ende Juli zu seiner dritten Reise in die Schweiz auf. Er läßt sich viel Zeit, nach Weimar zurückzukeh-ren, ist erst nach fast vier Monaten wieder zu Hause.

Als er im September 1786 nicht aus Karlsbad nach Weimar zurückkommt, sondern heimlich nach Italien flieht, hat sich nicht nur Charlotte von Stein die Frage gestellt, wo ist Goethe? Schon die Jahre zuvor hatte er Weimar ohne Ankündigung ver-lassen. In den Novembertagen von 1777 notiert er im Tagebuch:

»Lief ab und zu … Keine Ruh … Projekte zur heimlichen Reise.«

Zwei Tage danach verläßt Goethe in Eile Weimar und reist in den Harz, eine Woche später notiert er »Heimweh«, dann nach

Christiane Vulpius
Bleistiftzeichnung von Johann Heinrich Lips, um 1790

drei Tagen auf dem Brocken, »heiterer herrlicher Augenblick …
Was ist der Mensch, daß du dein gedenkst.« Diese Harzreise im
Winter ist der erste Versuch, Weimar zu fliehen. Er fühlt, daß er
vielleicht eine falsche Entscheidung getroffen hat, als er zwei
Jahre zuvor der Einladung von Herzog Carl August gefolgt ist,
sich in der Kleinstadt an der Ilm niederzulassen. Es ist Goethes
erste Weimarer Krise. In ihr schreibt er eins seiner größten Gedichte, »Die Harzreise im Winter«.

Leicht ist's, folgen dem Wagen,
Den Fortuna führt,
Wie der gemächliche Troß
Auf gebesserten Wegen
Hinter des Fürsten Einzug.

Aber abseits, wer ist's?
Ins Gebüsch verliert sich sein Pfad,
Hinter ihm schlagen
Die Sträuche zusammen,
Das Gras steht wieder auf,
Die Öde verschlingt ihn.

Ach, wer heilet die Schmerzen
Des, dem Balsam zum Gift ward?
Der sich Menschenhaß
Aus der Fülle der Liebe trank.
Erst verachtet, nun ein Verächter,
Zehrt er heimlich auf
Seinen eigenen Wert
In ungenügender Selbstsucht.

Ist auf deinem Psalter
Vater der Liebe, ein Ton
Seinem Ohre vernehmlich,
So erquicke sein Herz!
Öffne den umwölkten Blick
Über die tausend Quellen
Neben dem Durstenden
In der Wüste.

Am Ende des Jahres notiert er im Tagebuch »Aufgeräumt das alte Jahr.« Die erste Weimarer Krise ist überstanden.

Am 7. November 1775 war Goethe in Weimar angekommen. Schnell lebte er sich ein. Er lernte mit Charlotte von Stein die Frau kennen, die ihn an die Hand nahm, schloß mit Christoph Martin Wieland enge Freundschaft, wurde im Weimarer Hofkreis, wenn auch von vielen beargwöhnt, aufgenommen, las den Herzoginnen aus dem »Faust« vor, unternahm mit Carl August Touren durch das Land, erhielt von ihm ein Gartenhaus, widmete sich dem Liebhabertheater.

Im Januar 1776 schreibt er an Johann Heinrich Merck:

»Ich bin nun ganz in alle Hof- und politische Händel verwickelt und werde fast nicht mehr wegkönnen. Meine Lage ist vorteilhaft genug, und die Herzogtümer Weimar und Eisenach immer ein Schauplatz, um zu versuchen, wie einem die Weltrolle zu Gesicht stünde.«

An Johann Caspar Lavater nach Zürich:

»Ich bin nun ganz eingeschifft auf der Woge der Welt – voll entschlossen: zu entdecken, gewinnen, streiten, scheitern, oder mich mit aller Ladung in die Luft zu sprengen.«

Sieht er hier das Scheitern als Möglichkeit, so schreibt er am selben Tag an Johanna Fahlmer nach Frankfurt ganz lapidar, »soviel ists: Ich bleibe hier«.

Der Widerspruch ist von Anfang an gesetzt. Zwar fühlt sich der sechsundzwanzigjährige Goethe nun »auf der Woge der Welt eingeschifft«, aber die Welt von Weimar ist eine kleine Welt, das wird er bald gemerkt haben, auch wenn für Goethe sein Leben lang die adlige Welt von sich aus die große ist. Aber wird er hier eine »Weltrolle« spielen können?

Fluchtversuche wird es immer wieder geben, aber es sind kleine Fluchten, auch wenn die nach Italien ihn mehr als tausend Kilometer wegführt. Es gibt wohl kaum einen Augenblick in den 56 Jahren Weimar, in dem der Dichter ernsthaft vorhat, Stadt und Hof zu verlassen, auch weil es ihm in der Tat gelingt, vom kleinen Weimar aus die Weltrolle zu spielen, die er sich schon bei seiner Ankunft vorgenommen hat zu spielen.

Natürlich verflucht er oft den Ort und die kleine, die kleingeistige Welt an der Ilm, versucht sie zu fliehen, aber zumeist hat er nicht nur schnell Heimweh, selbst auf seiner einzigen wirklichen Flucht und auf seiner einzigen großen Reise, der nach Rom, muß er erst den Brenner überqueren und in der ewigen Stadt wirklich angekommen sein, um sicher zu sein, nicht im nächsten Augenblick zurückzukehren.

Weimar hat für Goethe eine einzigartige Klebekraft, wie sie kleine Städte, zumal wenn sie in einem Tal liegen, oft besitzen. Mögen Nebel und Dunst im Winter auch noch so grau über der Stadt liegen, wirklich verlassen kann er sie selbst in trostlosen Tagen nicht.

Auch weil er so oft nicht da ist. Aber er ist in Reichweite, in Jena zumeist, das etwas freiere Luft atmet, seitdem an der dortigen Universität sich bedeutende Dichter, Philosophen und

Forscher versammeln. Oder er ist im Karlsbader Sommer, wo ihn vertrautes Terrain erwartet mit Gästen, die ihren Goethe schätzen. Das schätzt er. Fremdes Terrain hingegen meidet er, weil er sich fremd fühlen könnte, man ihn nicht schätzen würde. Das schätzt er nicht. »Je größer die Welt desto garstiger« ist sie, hat er schon festgestellt, als er einmal in Berlin war, in diesem »Sodom.« Die kleine überschaubare Welt Weimars hingegen, wo Goethe sich ein Geflecht aus Freunden geschaffen hat, zu denen vor allem sein Gönner Carl August gehört, schafft ihm die Möglichkeit, in Ruhe das zu tun, was ihm am wichtigsten ist. Die Flucht nach Rom hat bei seiner Rückkehr bewirkt, daß er von den alltäglichen kleinen Geschäften des Ministers entlastet und zudem finanziell so ausgestattet wird, daß er gut leben kann. Vor allem aber kann er für sein Werk des Dichters und des Naturforschers leben. Zu all dem hat er eine Frau im Haus, die ihm das Leben behaglich macht. Und wird es mal zu eng im Haus oder in Weimar, dann sind es nur wenige Stunden bis Jena. Er braucht nicht mehr zu fliehen, denn dort hat er, besonders seit Schiller dort ist, alles, was er in Weimar vermissen könnte. Und ist es mal gar zu trübe und provinziell an Ilm und Saale, so holt er sich die Welt ins Haus, sei es durch Lektüre, sei es durch den Besuch von Dichtern und Gelehrten aus aller Welt. Oder er schaut auf die Wände des »Erdsälchen«, seines Gartenhauses, an die er zwei Prospekte von Rom angebracht hat, erinnert sich an seine glücklichste Zeit und begnügt sich mit der Erinnerung. Er hat mit seiner Existenz von Welt im kleinen Weimar kein Problem.

Ich bin Weltbewohner,
Bin Weimaraner,
Ich habe diesem edlen Kreis
Durch Bildung mich empfohlen,
Und wer es etwa besser weiß,
Der mag's woanders holen.

Madame de Staël, die sich 1803/04 für einige Monate in Weimar aufhält, das im Laufe der Goethejahre seine Einwohnerzahl verdoppelt hat und wirklich zu einem »Musenhof« geworden ist, hat es so beschrieben:

»Weimar war keine kleine Stadt, sondern vielmehr ein großes Schloß. Ein gewählter Kreis unterhielt sich mit Interesse über jede neue Schöpfung der Kunst ... Man rief das Weltall zu sich durch die Lektüre und durch das Studium; man entschlüpfte durch die Weite der Gedanken den engen Verhältnissen.«

Für Goethe, der lieber eine Reise ins Innere antritt, weil man alles in sich trägt, woraus ein Werk sich formt, ist Weimar vielleicht der ideale Lebensort gewesen, wo ihm ein fürstlicher Gönner die Bedingungen geschaffen hat, daß er sich ganz seiner Bestimmung widmen kann. So kann er Eckermann 1826 sagen:

»Es ist in Weimar noch viel Gutes zusammen und Sie werden in den höheren Kreisen eine Gesellschaft finden, die den besten aller großen Städte gleichkommt. Wo finden Sie auf einem so engen Fleck noch so viel Gutes. Es gehen von dort die Tore und Straßen nach allen Enden der Welt ... Aber ich bin immer gern nach Weimar zurückgekehrt.«

Wenn Goethes Gedicht »Die Lustigen von Weimar« auch einen leicht ironischen Unterton hat und auch nicht zu seinen Meisterwerken gehört, so drückt es doch sein Behagen aus, da zu sein.

Donnerstag nach Belvedere,
Freitag geht's nach Jena fort;
Denn das ist bei meiner Ehre
Doch ein allerliebster Ort!

Samstag ist's, worauf wir zielen
Sonntag rutscht man auf das Land;
Zwäzen, Burgau, Scheidemühlen
Sind uns alle wohlbekannt.

Montag reizet uns die Bühne,
Dienstag schleicht dann auch herbei,
Doch er bringt zu stiller Sühne
Ein Rapuschchen frank und frei.
Mittwoch fehlt es nicht an Rührung:
Denn es gibt ein gutes Stück.
Donnerstag lenkt die Verführung
Uns nach Belveder' zurück.

Und es schlingt ununterbrochen
Immer sich der Freundeskreis
Durch die zweiundfünfzig Wochen,
Wenn man's recht zu führen weiß.
Spiel und Tanz, Gespräch, Theater
Sie erfrischen unser Blut;
Laßt den Wienern ihren Prater;
Weimar, Jena, das ist gut.

Und Goethe weiß sein Leben in Weimar recht zu führen. Er hat
sich die Welt geschaffen, die er braucht.

Der Ruf, wo ist Goethe, ist spätestens seit 1823 nicht mehr zu
hören, als er aus Böhmen zurückkommt und zu Eckermann
sagt, jetzt sei keine Zeit mehr zum Irren. Er zieht sich in seine
»einsame Schmiede« zurück, braucht absolute Einsamkeit, um
sein Werk, den »Faust« zu beenden. Schon vorher wußte man,
wenn das Haus am Frauenplan ohne ihn war, er ist wohl in Böhmen und kommt bald nach Weimar zurück.

Am 20. Juli 1816 hatte Goethe mit seinem Freund »Kunst-Meyer« Weimar verlassen. Die Kutsche sollte ihn nach Baden-Baden bringen. Sein Verleger Johann Friedrich von Cotta hatte ihm Quartier im Badischen Hof besorgt. Der Weg wird an Frankfurt vorbeiführen, wo Marianne und Jakob Willemer hoffen, ihn zu sehen, jene Marianne, mit der ihn seit einem Coup de foudre im August 1814 eine innige Freundschaft, vielleicht Liebe gar verbindet. Goethe und Meyer sind gerade aus Weimar heraus und zwei Stunden gefahren, da stürzt der Reisewagen noch vor Erfurt um, die Achse bricht, »Kunst-Meyer« verletzt sich an der Stirn, Goethe bleibt unversehrt. Man kehrt nach Weimar zurück, der Dichter gräbt seinen Garten um, wie er im Tagebuch schreibt, gibt die Reise nach Süddeutschland auf. Vier Tage später reist er in das nahe Bad Tennstädt, verbringt dort den Sommer des Jahres 1816. Baden-Baden hat Goethe nie gesehen. Er besucht es auch in den kommenden Jahren nicht, obwohl Cotta ihn alljährlich einlädt, ihn erwartet, wie auch Marianne Willemer auf ihn dort und in Frankfurt wartet. So wie er Baden-Baden nie sehen wird, wird er auch Marianne Willemer nicht mehr wiedersehen. Der Unfall mag ihm willkommen sein. Er scheint erleichtert, nicht reisen, Marianne nicht sehen zu müssen.

Doch er bedauert in mehreren Briefen, nie in Baden-Baden gewesen zu sein, in diesem Kurort an der Oos, eigentlich ein idealer Ort für den gesellschaftssüchtigen Goethe, schickt

Baden-Baden sich doch an, in den kommenden Jahren und Jahrzehnten die Sommerhauptstadt Europas zu werden.

Cotta hatte versucht, ihn mit diversen Lockungen dorthin zu holen, hatte dem Liebhaber der Geologie im Mai 1816 versprochen:

»Die schöne Jahreszeit wird Eure Excellenz doch diesmal in unsere Nähe führen? Baden ist besonders auch in geognostischer Hinsicht merkwürdig und von Heidelberg eine kleine Tagesreise in zehn Stunden zu machen.«

Sein Verleger versprach Kost und Logis im Hotel »Badischer Hof«, das am Ende der Kurpromenade lag. Cotta hatte das ehemalige Kapuzinerkloster 1807 gekauft, es zu einem der ersten Hotels am Ort mit Park und Thermalbrunnen umbauen lassen.

Am 13. Juli des Jahres 1816 schreibt er an Goethe:

»Gleich beim Anfahren in Baden ist der ›Badische Hof‹, wo ich logiere, und wo Sie auch Hochdero Quartier finden wird. Mit dem herzlichsten Wunsch der beglücktesten Reise und mit der reinsten Verehrung.«

Aus der »beglücktesten Reise« wird nichts, als eine Woche später zwischen Weimar und Erfurt Goethes Reisewagen umstürzt. Goethe, der seine Reise schon angekündigt hat, schreibt an alle fast denselben Brief, so an Cotta:

»Am 20. Juli früh um sieben Uhr fuhr ich mit Hofrat Meyer von Weimar ab. Um 9 Uhr warf der Fuhrknecht höchst ungeschickt den Wagen um, die Achse brach, mein Begleiter wurde an der Stirn verletzt, ich blieb unversehrt. Hierbei blieb nichts übrig, als nach Weimar zurückzukehren, wo wir denn auch gegen

1 Uhr wieder angelangten. Die Strömung des Vorhabens und die Verwundung des Freundes machen es ungewiß, ja unwahrscheinlich, daß ich die Reise von neuem antrete.«

Einen Tag später schickt er den gleichen Brief an die Willemers nach Frankfurt, die sich, und vor allem Marianne, Hoffnung gemacht hatten, Goethe auf der Durchfahrt zu begrüßen und ihn in ihrem Landhaus am Main zu beherbergen, da, wo er ein Jahr zuvor Wochen neben Marianne und Jakob Willemer verbracht hatte. Doch diesmal soll Goethe die Reiseroute an Frankfurt vorbei geplant haben, wie behauptet wird. Auch habe er aus Aberglauben die Reise nicht noch mal angetreten. Es wird weniger Aberglauben als vielmehr der Glaube an einen vorgezeichneten Weg sein, der dazu führt, daß er nicht in den Süden, sondern in das Thüringische Schwefelbad Bad Tennstädt fährt. Hier fehlt zwar das gesellschaftliche Leben, das er so schätzt und so braucht, aber er kann sich mit der Geomorphologie befassen und die orientalischen Dichter lesen.

Die vermiedene Fahrt nach Baden-Baden verhindert ein erneutes Zusammentreffen mit Marianne Willemer. So kann er aus der Ferne in Gedichten und Briefen ihr seine Liebe zeigen. Die ferne Geliebte hingegen ist enttäuscht. Enttäuscht ist auch Cotta, der am 8. August aus Baden-Baden an Goethe schreibt:

»Eine unangenehme Botschaft. Was ich für Sie so wohltuend wirkend, für viele so höchst erfreulich denken durfte, wurde durch einen der heillosen Umstände vereitelt, die durch Unvorsichtigkeit und Nachlässigkeit so oft das Beste verderben.«

Goethe antwortet ihm aus Bad Tennstädt, daß er dem ungeschickten Fuhrmann auf ewig gram sein muß, relativiert aber das durch das Schicksal verfügte Versäumnis der Reise:

»So ganz zufrieden kann ich mich noch nicht geben, daß meine Reise auf das ungeschickteste unterbrochen wurde: denn ich bedurfte einiger Auffrischung der Sinne, Erquickung des Gemüts, neue Gegenden, Bekanntschaften und Teilnehmende.«

Neue Gegenden wird der nunmehr siebenundsechzigjährige Goethe, der auf der Höhe seines Ruhms angelangt ist und zu dem man aus ganz Europa nach Weimar pilgert, nicht mehr kennenlernen. Die Reise nach Baden-Baden war der letzte Versuch, Weimar zu verlassen, neue Landschaften, neues, fremdes Terrain zu betreten. In den sechzehn Jahren bis zu seinem Tod wird er sich von Weimar nur noch wegbegeben, um die nähere Umgebung wiederzusehen und um die böhmischen Bäder von Marienbad und Karlsbad zu besuchen, die sein zweites Zuhause sind.

Sein Verleger Cotta lockt ihn in den kommenden Jahren immer wieder nach Baden-Baden. Frühling für Frühling geht ein Brief Cottas nach Weimar mit der Bitte, im Sommer zu kommen. Er lockt ihn nicht nur mit der besonderen Gesteinswelt am Fuße des Schwarzwalds, sondern auch mit Goethes Freund, dem Kunstsammler Sulpiz Boisserée. Vergeblich. Goethe kommt nicht.

»Wohin ich mich diesen Sommer wenden werde, weiß ich noch nicht zu sagen. Meine Wünsche gehen freilich den Rhein aufwärts … Am Ende wird es leider wie so manches Jahr, von Zufälligkeiten abhängen.«

Im Sommer darauf schreibt Goethe wieder an Cotta:

»… begrüße diesmal nicht ohne einigen Schmerz, indem ich mich so eben zu einer Reise nach Karlsbad anschicken muß, da ich doch so gern den Weg nach Ihrer Gegend richte, wo so manches Gute von Alters her und auch neuerdings die vermehrten Schätze unseres Boisserées, mich erwarteten. Ich ergebe mich aber drein.«

So geht »die Schmerzenspost« hin und her, wobei man Cotta die Enttäuschung glaubt darüber, daß Goethe nicht kommt.

»Wie schmerzlich es mir war, bei dem schönen Himmel Sie nicht nicht in Baden-Baden verehren zu können, weiß ich nicht auszudrücken. Sie müssen diesen Sitz der größten Naturereignisse doch das nächste Jahr kennenlernen.«

Im nächsten Jahr, da Goethe wieder nicht nach Baden-Baden kommt, schreibt Cotta:

»Gnädiges vom 11. ward mir diesmal eine Schmerzenspost, denn ich hatte mit den anderen Verehrern so gewiß gehofft, diesmal Sie bei uns zu sehen. Sulpiz Boisserée, der mit mir in Baden war, konnte sich mit mir keinen Tag von der Hoffnung trennen, dorten Sie zu sehen ... Mein Haus ist stets für Sie bereit.«

Aber Goethe läßt sich nicht mehr locken, schreibt im Juli 1820 an seinen Verleger:

»Wenn ich in meinen Jahren noch einiges vollbringen will, so muß ich freilich mich still verhalten und darf an das Vergnügen nicht denken, daß mir eine Reise und erquicklicher Besuch bei Freunden gewähren müßte.«

Da gibt Cotta resigniert auf, seine Bitte an Goethe, ihn in Baden-Baden zu besuchen, verkommt zur reinen Floskel, auf die der Dichter gar nicht mehr reagiert.

Goethes Wissen um die begrenzte Zeit läßt ihm keine Zeit mehr zu reisen, und nach der letzten böhmischen Reise im Jahr 1823, einer Reise zwischen zwei lebensbedrohenden Krankheiten, sieht man ihn nur noch in Weimar und naher Umgebung.

Auch Marianne Willemer hat wiederholt versucht, Goethe nach Baden-Baden zu locken, wohin sie ab dem Jahr 1818 zur Kur fährt. Sie kränkelt, ist schwermütig geworden, seitdem sie Goethe nicht mehr sieht, seitdem sie nur noch ferne Geliebte ist. Sie sucht Heilung in den Thermalwassern von Baden-Baden. Aber wirkliche Heilung brächte ihr nur die Nähe des Dichters und Freundes, ob am Main, am Neckar oder an der Oos. Fährt sie nach Baden-Baden, so macht sie Halt in Heidelberg, geht die Wege um das Schloß ab, auf denen sie im Sommer 1815 mit Goethe gewandelt ist. Es waren glückliche Stunden in ihrem Leben, die Stunden an seiner Seite. Jetzt aber wartet und weint sie in Baden-Baden. Am 19. Juli 1819 schreibt sie von dort nach Weimar:

»Ich weinte bei den Erinnerungen einer glücklichen Vergangenheit.«

Sie erzählt vom »Unbegreiflichen meines Zustands«, preist die Stadt an der Oos.

»Die herrliche Gegend, die ich seit kurzem bewohne, die reine Luft, das heilsame Bad, alles vereinigt sich, meiner Gesundheit, die in den letzten Jahren merklich gelitten hat, wieder aufzuhelfen. Sollte denn die Nähe Straßburgs ... verbunden mit obigen vortrefflichen Eigenschaften Badens nicht den Vorzug vor Karlsbad verdienen ... Wie glücklich würde ich sein, Sie hier zu wissen.«

Aber Marianne Willemer wartet schon seit drei Jahren auf Goethe, weiß, ihre Wünsche werden nicht erfüllt, nennt sie »verwegen.« Und doch fährt sie fort, verwegen zu sein, »Wie nahe dem Himmel in jedem Sinne meine freundliche Wohnung ist, und wie viele Mädchen gibt es nicht hier«, lockt sie ihn nicht nur mit der Schönheit Baden-Badens, auch mit der junger Mädchen, damit er kommt, wohl wissend, daß die für Goethe immer ein Grund waren, woanders als in Weimar zu sein.

Sie sieht gar ihren gemeinsamen Liebesboten Hudhud aus den Tagen des Glücks und gemeinsamen Lebens und Dichtens ihren Weg in Baden-Baden kreuzen.

»Hudhud läuft in einem fort über den Weg. Auch hohe Herrschaften genug, wenn man will, und hohe Berge und Täler, und – doch Sie kommen ja nicht.«

Sie hat sich damit abgefunden, Goethe nicht mehr zu sehen. Nicht mehr Hudhud ist der Liebesboote, es ist der Postillon, der Goethe ihren demütigen Brief bringt.

»Ich würde mich freuen, wenn ich einige Zeilen in Baden-Baden erhielt; freilich darf ich es kaum hoffen, denn ich habe es nicht verdient.«

Aber wenn Goethe nicht kommt, der Brief kommt.

»Nein, allerliebste Marianne, ein Wort von mir sollst Du in Baden-Baden nicht vermissen … wäre ich Hudhud, ich liefe Dir nicht über den Weg, sondern schnurstracks auf Dich zu. Nicht als Boten, um meiner selbstwillen müßtest Du mich freundlich aufnehmen.«

Aber kaum macht er eine Bewegung auf sie zu, wenn auch nur im Brief, so zieht er den Fuß schon wieder zurück, endet den Brief, »zum Schluß den frommen Wunsch. Eja, wären wir da.« Aber Goethe ist nicht da, wird nicht da sein, wird Baden-Baden nicht sehen, wird Marianne nicht mehr sehen.

Wenige Wochen nachdem Marianne Willemer diesen Brief in Baden-Baden erhalten hat, kommen in Frankfurt die ersten druckfrischen Exemplare von »Der West-östliche Divan« an. Es ist das Buch der Liebe zwischen Goethe und Marianne. Sie hat es »Das Buch der Bücher« genannt.

Lieb' um Liebe, Stund' um Stunde,
Wort um Wort und Blick um Blick;
Kuß um Kuß, vom treusten Munde,
Hauch um Hauch und Glück um Glück.
So am Abend, so am Morgen!
Doch Du fühlst an meinen Liedern
Immer noch geheime Sorgen;
Jussuphs Reize möcht' ich borgen,
Deine Schönheit zu erwidern.

Im September 1815 hatte Goethe das Gedicht niedergeschrieben. Er war länger als einen Monat Gast im Landhaus Jakob Willemers und seiner Frau Marianne gewesen, auf der »Gerbermühle.« Plötzlich aber hatte er es vorgezogen, in das Stadthaus der Familie zu ziehen, hatte Marianne draußen vor der Stadt gelassen. Wir kennen die Gründe nicht, auch nicht die, die Goethe bewogen haben, plötzlich nach Heidelberg aufzubrechen, welch »geheime Sorgen« ihn haben flüchten lassen.

Ist es die Sorge, sich zu verstricken in eine Liebe, die keine Zukunft hat? Schließlich ist Goethe in Weimar verheiratet, Marianne ist verheiratet. Verlangt sie zuviel von ihm? Will sie ihn für sich erobern? In diesen Tagen der »Gerbermühle« nennt er sie einen kleinen Don Juan, auch einen kleinen Blücher, der mit den Waffen einer Frau ein Netz auswirft. Marianne trägt eine für die Zeit typische Lockenfrisur. »Gewarnt« nennt er ein Gedicht.

Auch in Locken hab' ich mich
Gar zu gern verfangen,
Und so, Hafis, wär's wie dir
Deinem Freund ergangen.

Aber Zöpfe flechten sie
Nun aus langen Haaren,
Unterm Helme fechten sie,
Wie wir wohl erfahren.

Wer sich aber wohl besann,
Läßt sich nicht so zwingen:
Schwere Ketten fürchtet man,
Rennt in leichte Schlingen.

Das Gedicht hat Goethe schon bei seiner Ankunft in Frankfurt geschrieben, und nun besinnt er sich, will sich nicht einfangen lassen, stellt Distanz her.

Aber die Sommertage und Sommerabende im Landhaus am Main sind so verführerisch. Man promeniert, man plaudert, man äugelt, man spielt, man singt, man liest Gedichte, man speist, man trinkt, und je später der Abend, Boisserée, der fast immer dabei ist, schildert in seinem Tagebuch den 17. September:

»Endlich las Goethe noch Gedichte, und die kleine Frau schmückte sich mit ihrem Turban, einem orientalischen farbigen Schal, den Goethe ihr geschenkt. Es wurde viel gelesen, auch

Marianne von Willemer, geb. Jung
Pastell, zugeschrieben Johann Jacob de Lose (um 1809)

viel Liebesgedichte an Suleika, Jussuf und Suleika usw. Willemer schlief ein. Wir blieben desto länger zusammen. Mondscheinnacht.«

Suleika und Hatem, in denen Marianne und Goethe sich verbergen, schreiben gemeinsam ihre Gedichte. Das dieses Tages endet mit Hatems Bekenntnis:

> Mich vermählst du deinem Flusse
> Der Terrasse, diesem Hain,
> Hier soll bis zum letzten Kusse
> Dir mein Geist gewidmet sein.

Kann sich Goethe der erotisch aufgeladenen Atmosphäre noch entziehen, dem kleinen Don Juan entkommen? Hatem dichtet:

> Nicht Gelegenheit macht Diebe
> Sie ist selbst der größte Dieb;
> Denn sie stahl den Rest der Liebe
> Der mir noch im Herzen blieb.
>
> Dir hat sie ihn übergeben
> Meines Lebens Vollgewinn,
> Daß ich nun, verarmt, mein Leben
> Nur von Dir gewärtig bin.

Suleika antwortet:

> Hochbeglückt in deiner Liebe
> Schelt' ich nicht Gelegenheit;
> Ward sie auch an dir zum Diebe,
> Wie mich solch ein Raub erfreut.

Der kleine Don Juan, der kleine Blücher setzt nach. Goethes Flucht in die Stadtwohnung ist nur eine halbe Flucht, kehrt er doch vor allem gen Abend auf die Gerbermühle zurück. So nimmt er Boisserée und zieht mit ihm nach Heidelberg. Sie aber gibt nicht auf, fährt mit ihrem Ehemann hinterher. In der Kutsche schreibt sie an der Seite Willemers an Goethe das Gedicht »Was bedeutet die Bewegung?« Seine, ihre, die äußere, die innere Bewegung, die Bewegtheit also, seine, ihre? Sie spricht von der tiefen Wunde des Herzens, befragt den Wind, der die Wunde kühlt.

> Und mir bringt sein leises Flüstern
> Von dem Freunde tausend Grüße;
> Eh' noch diese Hügel düstern
> Grüßen mich wohl tausend Küsse.

> Und so kannst du weiterziehen!
> Diene Freunden und Betrübten.
> Dort wo hohe Mauern glühen,
> Find' ich bald den Vielgeliebten.

> Ach, die wahre Herzenskunde,
> Liebeshauch, erfrischtes Leben
> Wird mir nur aus seinem Munde,
> Kann mir nur sein Atem geben.

Zwei Tage verbringen Marianne Willemer und Goethe in Heidelberg, umrunden mehrfach »die hohen Mauern« der Schloßruine. Die Tage von Heidelberg gewinnen für sie eine derartige Bedeutung, daß sie später immer wieder dorthin fahren wird, die gemeinsam gegangenen Wege allein gehen wird.

Aber auch für ihn sind diese Tage Tage höchster Spannung. Im Park des Schlosses entsteht das Gedicht »An vollen Büschelzweigen«, eins der innigsten Liebesgedichte von Hatem – Goethe an Suleika – Willemer, das mit den Zeilen endet:

So fallen meine Lieder
Gehäuft in deinen Schoß.

Doch schnell herrscht Abschiedsstimmung, Abschiedsschmerz, den Goethe, der so gern flüchtet, bei jeder Flucht auch hat oder glauben macht zu haben und vor allem in Verse bringen kann, so in dem Gedicht »Wiederfinden«, in dem über der Innigkeit und Vertrautheit der Heidelberger Tage die endgültige Trennung schwebt, vor allem in jenen Versen, die Goethe später nicht in die Druckfassung übernommen hat. Die Weltschöpfung Gottes, in der er das Licht von der Finsternis trennt, wird hier Allegorie für die ewige Trennung beider.

Da erscholl in Jammerklagen
Was die Ewigkeit verband
Und in schmerzlich strengen Tagen
Einsam sich, allein empfand.

Ach da trennte sich für immer
War doch der Befehl geschehn!
Feuerwasser in den Himmel,
Wellenwasser in die Seen.

Auch bei Hafis, den sie beide lesen, finden sich das Motiv der Trennung: »Aus ist die Flucht, die Nacht der Trennung!/ Ich loste und die Sterne sprachen: Nun ist's zu Ende.«

Die Liebesbeziehung ist für Goethe zu belastend, zu schwierig geworden. Ginge sie weiter, so würde sie sein Leben durcheinander bringen, neue Situationen schaffen, die er nicht wünscht. Die Ruhe wäre hin. Liebelei ja, aber wenn Liebe, dann aus der Ferne. Und so gibt er ihr eins jener Chiffregedichte, die sich auf die Zeilen aus der Hammerschen Übersetzung der Hafisgedichte beziehen und in denen beide nur die Buch- und Zeilennummer in Ziffern notieren, das dechiffriert klarmacht:

Leicht ist die Lieb am Anfang
Es folgen aber Schwierigkeiten.
Wünschest du Ruhe, Hafis,
Folge dem köstlichen Rat:
Willst du das Liebchen finden,
Verlaß die Welt und laß sie gehen.

Am 25. September schreibt Goethe das Gedicht »Lieb um Liebe« ins Reine. Am Abend sieht Marianne Willemer ihn zum letzten Mal, was sie vielleicht nicht weiß, und er sieht sie zum letzten Mal, was er weiß?

Im Tagebuch notiert Goethe lapidar, »abends Musik. Gespräch. Abschied.« Am folgenden Tag kehren Jakob Willemer und seine Frau Marianne nach Frankfurt zurück.

Goethe schreibt von Heidelberg nach Frankfurt, aber nicht an Marianne, sondern an Rosine, ihre fast gleichaltrige Stieftochter, die auch in Goethe verliebt ist. Und er?

»Hiermit nun, liebe Rosette (Sie erlauben doch diesen zierlichen Namen, daß ich zugleich meine Neigung und mein Vertrauen ausdrücke) überliefre ich Ihnen, mit den sämtlichen Geheimnissen der neueren Philologie, auch meine eigenen, zu beliebigem Privatverbrauch.«

Und wenige Tage später ebenfalls an Rosine Städel:

»Denken Sie, daß bis gestern ich hoffen konnte, Sie jeden Tag zu sehen und nun nimmt's mich beim Schopf und führt mich, über Würzburg, nach Hause.«

An Jakob Willemer schreibt er von »beschleunigter Rückreise«, fügt aber, wie so oft die Gegenbewegung in sich spürend, sie zumindest mitteilend hinzu:

»Hundert Einbildungen hab ich gehabt; wann? wie? wo? ich Sie zum ersten Mal wiedersehen würde … Nun kommts aber und ich eile nach Hause, ganz allein dadurch beruhigt, daß ich ohne Willkür und Widerstreben den vorgezeichneten Weg wandle und um desto reiner meine Sehnsucht nach denen richte, die ich verlasse. Doch das ist schon zuviel für meine Lage, in der sich ein Zwiespalt nicht verleugnet.«

Der vorgezeichnete Weg. Er zeichnet das Ziel vor, wenn auch das Herz zurückbleibt. Er reißt Goethe von denen, die ihn lieben und die er vielleicht auch liebt, weg. Das bedeutet die Bewegung. Das Ziel ist das Werk, die Erfüllung einer Liebe ist nicht die Liebe selbst, ist vielmehr das geschaffene Werk, das Gedicht, die Gedichtsammlung.

Die Liebe zu Marianne Willemer hat ihm zwei Abteilungen seiner Gedichtsammlung »Der West-östliche Divan« geschenkt. Alles, was jetzt nach dem Abschied, dem Abschied für immer, folgt, ist Nachklang, hat keinen Augenblick mehr, keine Gegenwart. Der vorgezeichnete Weg hat ihm, als Goethe die Gedichte des Hafis mit sich trug, eine Frau zugeführt, die ähnlich wie er gestimmt, ja disponiert war. Auf dem Weg zu ihr schreibt er die ersten Gedichte des »Divan«, Goethes Reise in den Orient ist eine Reise an den Rhein und an den Main zu einer Frau, die die orientalische Maske der Suleika aufsetzt, während er die des Hatem trägt. Sie spielen das Spiel ihrer Liebe in orientalischen Gewändern, machen das gemeinsame Terrain zum Orient. Die Gedichte, die beide schreiben, werden zum Spiegel ihrer Liebe. Doch wo Marianne Willemer sich diesem Spiel in dem fernen Land, das an Main und Neckar liegt, bedingungslos hingibt, hält Goethe immer ein wenig Distanz, um sich aus ihren Armen befreien und aus dem Land der Phantasie fliehen zu können.

Goethe braucht neben dem Liebeserlebnis die Distanz, um klarer sehen, seine Gedichte schreiben zu können.

Zwar schreibt er auch in ihrer Nähe, doch zumeist entstehen die Gedichte auf dem Weg zu ihr, auf dem Weg von ihr weg und im Winter 1814/15 zwischen den beiden Begegnungen. Als er im Oktober 1815 von Heidelberg nach Weimar zurückkehrt, sind fast alle Gedichte des »Buchs Suleika« und des »Buchs der Liebe« geschrieben, der »West-östliche Divan« ist nahezu abgeschlossen. Was noch kommt, ist Nachklang.

Die Rückkehr nach Weimar ist plötzlich, ist unruhig. Und wieder gelangt er an eine Wasserscheide, die wie schon in der Schweiz Sinnbild wird für Trennung, für Abwenden und Zuwenden. Er wendet sich von Marianne ab, wendet sich Weimar zu, dem sicheren Terrain, seinem Terrain, wo er nach gelebter Liebe und getanem Werk zu Frau und Haus zurückkehren kann, in sein »Schneckenhaus«.

»Schon bin ich auf die Höhe gelangt, wo die Wasser nicht mehr nach dem Main fließen«, schreibt er am 10. Oktober aus Meiningen nach Frankfurt an Rosine Städel und Marianne Willemer, erwähnt aber sogleich seine Zerrissenheit, seine wirkliche oder vorgebliche, dieses ewige Hin und Her:

»Ich muß also meine Gedanken der Post anvertrauen, und so sollen die Freundinnen hören: daß ich im Geiste immer so hartnäckig bei ihnen geblieben, als mich ungern persönlich entfernt habe.«

Und er schließt, »möchten Sie mich beide nicht aus ihrer Mitte lassen.«

Sulpiz Boisserée gibt in seinem Tagebuch weiteren Aufschluß über die plötzliche Abreise, die bewußt nicht über Frankfurt, sondern über Würzburg geht. Eigentlich sollte Goethe noch Herzog Carl August bis Karlsruhe entgegenfahren, der gerade von seiner Kur aus Baden-Baden kommt, aber Goethe will sofort nach Weimar.

»Morgens Goethe ganz unruhig … fürchtet eine Krankheit, will schon zu Mittag fort. Ich biete mich zur Begleitung an und bereite mich vor, ihm nach Weimar zu folgen … Im Wagen erholt sich der Alte allmählich. Abends in Neckar-Elz. Kaltes Zimmer. Er ist munter, vergißt die Kälte, indem er mir von seinen orientalischen Liebesgedichten vorliest.«

Die Flucht ist gelungen, er ist gerettet, und am Ende der Flucht liest er die Suleikaliebesgedichte vor. Von der nächsten Station der Flucht berichtet Boisserée in seinem Tagebuch:

»In Hardtheim Mittagessen – junges, frisches Mädchen, nicht schön, aber verliebte Augen. Der Alte kuckt sie immer an. Kuß. Alter Minchio.«

Da läßt Boisserée den alten Minchio Goethe, was soviel meint wie alter Dummkopf, allein nach Weimar zurückreisen. Schließlich ist der Alte wieder der Alte. Er äugelt, bändelt mit jungen Mädchen an. Was kann ihm da noch passieren.

Die Flucht ist gelungen, der Abstand hergestellt, das Werk vollendet, Marianne ihn ihrem Zuhause in Frankfurt, er auf dem Weg zu neuem Lieben, neuem Leben, neuem Dichten.

In einem Chiffrebrief an Marianne, in ihrer beider »Geheimschrift«, der nur die Zahlen II. 124. 1 – 8 trug, hat er von unterwegs noch mal das Ende ihrer Liaison klargemacht. Heißt es doch enziffert:

Mein wundes Herz hat Recht auf Salz
Von deinen Lippen,
Bewahr das Recht, ich gehe fort,
Sei Gott befohlen.
Du bist ein reines Wesen mir
Aus höheren Welten,
Mit Deinem Namen fängt das Lob
Der Engel an im Himmel.

Die Erhöhung der Geliebten zum reinen Wesen erlaubt es Goethe, sie nur noch von Ferne zu lieben, ohne Gefahr, die Ruhe zu verlieren, die er, nachdem der Quell ausgeschöpft ist, braucht, um sich Neuem zuzuwenden.

Zugleich hält er sich den Rückweg offen für den Fall, daß es ihn doch wieder zu der Geliebten hinziehen sollte.

Marianne Willemer antwortet mit einem weiteren Chiffrebrief nach den Gedichten des Hafis, worin ihre Ahnung Ausdruck findet, ihn nicht mehr zu sehen.

All mein Leben will ich nur zum Geschäft
Von seiner Liebe machen
…
Ich habe keine Kraft als die,
Im Stillen ihn zu lieben,

Wenn ich ihn nicht umarmen kann,
Was wird wohl aus mir werden?

Die folgenden Jahre lebt Marianne Willemer in der Tat nur für ihre Liebe zu Goethe. Sie wartet. Er kommt nicht. Sie wird krank, sie leidet, ihr Gemüt verdunkelt sich derart, daß Jakob Willemer Goethe bittet, ihr, die gerade in Baden-Baden zur Kur weilt, zu helfen, sie zu heilen.

»Alles verstummt in ihrer Seele, ein geheimer Kummer nagt an ihrem Herzen, und zernagt es, wenn nicht bald Hilfe erscheint … Ihre unerwartete, mir allein bewußte Erscheinung könnte vieles helfen, vieles ordnen, anders gestalten.«

Willemer bietet Goethe Wohnung und Haus in Frankfurt, ist bereit, selbst auf seine Frau zu verzichten, wenn er sie nur heilt, wenn er nur kommt und bleibt. Aber Goethe kommt nicht, auch ein Hilferuf kann ihn nicht bewegen, nach Frankfurt zu reisen. In seiner Antwort an Willemer spricht Goethe von einer eingeborenen Pflicht, die er im »beweglichsten Leben einigermaßen erfüllen« konnte. Nun aber fühle er sich aufgrund von allgemeinen Schwierigkeiten gebunden, auch dadurch, daß er gerade die Drucklegung des »Divan« versuche zu beschleunigen. Selbst damit redet sich Goethe aus der Situation heraus.

Wie hatte er zwei Wochen nach der Trennung von Marianne Willemer und der Rückkunft in Weimar an seinen Freund Knebel nach Jena geschrieben:

»Zugleich muß ich Dir mit Vergnügen melden, daß für den Divan ich neue Quellen aufgetan, so daß er auf eine sehr brillante Weise erweitert worden.«

Die Quelle war Marianne Willemer und seine Liaison mit ihr. Nun aber ist die Quelle ausgeschöpft. Mit den Gedichten »Nachklang« und »Abglanz« schreibt er im folgenden Winter das »Buch Suleika« und »Das Buch der Liebe« zu Ende.

Begonnen hatten die beiden Liebesbücher des »Divan« mit dem Gedicht »Selige Sehnsucht«, das er im Juli 1814 im Reisewagen schreibt, der ihn von Weimar nach Wiesbaden bringt. In ihm spricht er sich selbst an, ja, er feuert sich an zu neuer Liebe:

Und dich reißet ein neu Verlangen
Auf zu höherer Begattung.

So disponiert, erblickt er am 4. August 1814 erstmals die etwa dreißigjährige Marianne Jung, »Willemers kleine Gefährtin«, wie er am 8. August seiner Frau Christiane nach Weimar schreibt. Am 18. September sehen sich beide erneut im Sommerhaus Willemers am Ufer des Main. Aber nicht Marianne, sondern Willemers Tochter Rosine Städel vertraut ihrem Tagebuch an, »Tag mit Goethe auf der Gerbermühle. Welch ein Tag und welche Gefühle bewegen mich.« Kurz danach verläßt Goethe Frankfurt. In Heidelberg besichtigt er die Sammlung altdeutscher und niederländischer Malerei, die die Gebrüder Melchior und Sulpiz Boisserée zusammengetragen haben. Während der Abwesenheit Goethes heiratet Jakob Willemer seine »kleine Gefährtin« Marianne Jung ohne förmliches Aufgebot, in ungebotener Eile. Sie war im Jahr 1800, aus Österreich kommend, mit ihrer Mutter in Frankfurt aufgetaucht, hatte sechzehnjährig als Tänzerin auf der Bühne gestanden. Der Witwer Jakob Willemer nahm sie der Mutter gegen ein Entgelt weg und als Ziehtochter in sein Haus zu seinen anderen fünf Kindern. Sie ist ihm mehr als eine Ziehtochter. An Goethe, den er seit 1778 kennt, schreibt er im Dezember 1808:

»Die Zukunft ist an eine törichte Hoffnung verspielt – von der eine achtjährige Erfahrung mich belehrt, daß sie nie in Erfüllung gehen wird. So ziehe ich mich jeden Tag mehr in mich selbst zurück, werde ernster und stiller.«

Als der junge Clemens Brentano bei Willemer zu Besuch ist, verdreht ihm Marianne den Kopf. Der nennt sie »meine Biondetta«, verewigt sie in seinem Werk. An Achim von Arnim schreibt er, »die Jung liebte mich, weint oft in meine Nähe. Ich sprach davon mit Willemer, seine Eifersucht vertrieb mich, wir haben uns noch lieb.« Brentano reist ab, heiratet kurz darauf Sophie Mereau. Marianne Jung bleibt bei dem sie umwerbenden, von ihr nicht geliebten Willemer.

Als Willemer nun einige Jahre später merkt, daß zwischen ihr und Goethe der Liebesfunke übergesprungen ist, macht er sie in Hast zu seiner Ehefrau. Goethe kommt zurück nach Frankfurt, schreibt nicht frei von Ironie an seine Frau Christiane:

»Abends zu Frau Geheimrätin Willemer: denn dieser unser so würdige Freund ist nunmehr in forma verheiratet. Sie ist so freundlich und gut wie vormals. Er war nicht zu Hause.«

Wir wissen nicht, was an diesem Abend in Abwesenheit des frisch Getrauten vorgegangen ist, ebensowenig, was an den folgenden Tagen im Haus Willemer geschehen ist, nur, die überstürzte Heirat hat eine Liebe nicht verhindern können.

Auf jeden Fall datiert Marianne Willemer mit jenem 12. Oktober, als sie mit Goethe allein im Haus war, ihr Gedicht, das sie im folgenden Dezember mit dem Stammbuch nach Weimar sendet.

Zu den Kleinen zähl ich mich
Liebe Kleine nennst Du mich.
Willst Du immer mich so heißen,
Werd ich stets mich glücklich preisen,
Bleibe gern mein Leben lang
Lang wie breit und breit wie lang.
Als den Größten kennt man Dich
Als den Besten ehrt man Dich,
Sieht man Dich, muß man Dich lieben,
Wärst Du nur bei uns geblieben,
Ohne Dich scheint uns die Zeit
Breit wie lang und lang wie breit.

Auch Jakob Willemer weiß bald um die Liebe Mariannes zu Goethe, die er, anders als die zu Brentano, akzeptiert, wenn er nach Weimar schreibt:

»Meine Frau … will, seitdem sie von ihnen die Kleine genannt wird, durchaus nicht mehr wachsen, es wäre denn in Ihrem Herzen. … Leben Sie wohl und lassen ihrer Liebe mich und die Kleine stets empfohlen sein.«

Die Dreierliaison – eine neue Wahlverwandtschaft – ist geboren. Jakob Willemer, Bankier mit literarischen und wissenschaftlichen Ambitionen, ist dem Dichter in Verehrung völlig ergeben, ja, er protegiert Mariannes Liebe zu Goethe, gibt ihr Unterkunft, will ihr gar Zukunft geben, wacht im Hintergrund über sie, weil er Goethe, den Genius, in seiner Nähe, in seinem Haus sehen will.

Eine ähnliche Liaison à trois werden einige Jahrzehnte später Otto Wesendonck, Richard Wagner und Mathilde Wesendonck eingehen. Sie schreibt wie Marianne Willemer auch Gedichte, die Wagner vertont, weil er diese schätzt – die Wesendoncklieder.

Und Goethe wird die Gedichte Mariannes in seiner Sammlung »Der West-östliche Divan« aufnehmen, weil er diese schätzt, jedoch ohne die Autorin zu nennen.

Als Goethe im Juli eine »Selige Sehnsucht« an Rhein und Main trieb, hatte er gerade die Lyrik des persischen Dichters Hafis in der Übersetzung von Joseph v. Hammer kennengelernt, war im Weimar-nahen Bad Berka gewesen, wo auch die Idee geboren wurde, in einen geistigen Austausch mit dem orientalischen Dichter zu treten. Schon im Reisewagen schrieb er die ersten Gedichte mit stetem Bezug auf Hafis. Diese neue Art des Dichtens ist auch neue Flucht aus der Enge Weimars. Er begibt sich auf eine Reise in den Orient, wo er in Wirklichkeit nie war, und begibt sich auf eine wirkliche Reise in das mildere Klima von Rhein und Main. An Carl Friedrich Zelter schreibt er:

»Es ist eine Dichtart, die meinem Alter zusagt, meiner Denkweise, Erfahrung und Umsicht, wobei sie erlaubt, in Liebesangelegenheiten, so albern zu sein, als nur immer die Jugend.«

So entsteht im Reisewagen das Gedicht »Phänomen«, in dessen letzten vier Zeilen er sich selbst anspornt:

> So sollst du, muntrer Greis,
> Dich nicht betrüben:
> Sind gleich die Haare weiß,
> Doch wirst du lieben.

Er ist also hoch gespannt, liebt die Liebe schon, hat die Liebe schon im Leib, bevor er das Objekt der Liebe findet. Tage später steht das Objekt der Liebe ihm gegenüber, die »Liebesangelegenheit« beginnt. Bald jedoch spürt er, daß in Marianne Jung, bald Willemer, Außergewöhnliches schlummert. Und es gibt eine Seelenverwandtschaft. Es ist nicht nur eine ähnliche erotische Sehnsucht. Sie ist der »kleine Don Juan«, in dem sich der »große Don Juan«, als der er sich gern selbst sieht, wiedererkennt.

Aber Goethe erkennt auch bald, daß Marianne Willemer nicht nur Muse ist, sondern sich auch auf seinem Terrain, dem der Dichtkunst, zu bewegen vermag. Er schenkt ihr ein Exemplar der Poesie des Hafis in der Hammerschen Übersetzung. Seine orientalische Dichtung wird ihnen zum Schlüssel und zum Spiegel der Liebe, sie ist beider Medium, das sie lieben und dichten macht.

Aus dem Liebesdialog gibt es für Marianne kein Zurück mehr. Ihr ist keine Flucht möglich, sie verliert die Fähigkeit des kleinen Don Juan, der große Don Juan hält sich aber ganz donjuanesk den Rückzug offen. Er wird so lange ihre Liebe schüren, bis sie keine Quelle mehr ist für sein Werk, für den »Divan.« Dann erlischt die Lieb im Leib, er hält sie sich vom Leibe, bleibt Marianne nur noch aus sicherer Ferne gewogen.

Die gemeinsamen Sommertage des Jahres 1814 sind reichliche Quelle, aus der Goethe im folgenden Winter in Weimar schöpfen kann, da ein Großteil der Gedichte entsteht.

Die erneute Reise im folgenden Sommer 1815 läßt im Reisewagen auf dem Weg zu ihr neue Gedichte entstehen. Er nennt sie Suleika, sich selbst Hatem. Im Landhaus der Willemers, in der Gerbermühle, dichten sie das Dialoggedicht:

Hatem

Locken, haltet mich gefangen
In dem Kreise des Gesichts!
Euch geliebten braunen Schlangen
Zu erwidern hab' ich nichts.

Nur dies Herz, ist es von Dauer,
Schwillt in jugendlichstem Flor;
Unter Schnee und Nebelschauer
Rast ein Ätna dir hervor.

Du beschämst wie Morgenröte
Jener Gipfel ernste Wand,
Und noch einmal fühlet Hatem
Frühlingshauch und Sommerbrand.

Suleika

Nimmer will ich dich verlieren!
Liebe gibt der Liebe Kraft.
Magst du meine Jugend zieren
Mit gewalt'ger Leidenschaft.

Ach! wie schmeichelt's meinem Triebe,
Wenn man einen Dichter preist:
Denn das Leben ist die Liebe,
Und des Lebens Leben Geist.

»Duodrama« wird Goethe diesen Wechselgesang der Liebe nennen.

Lange nach Goethes Tod wird Marianne von Willemer Hermann Grimm anvertrauen, daß sie die »Dichterin Suleika« ist. Und so wird man rätseln und forschen, welche Verse von ihr, welche von ihm wohl sind.

Nachdem Goethe im Herbst 1815 Marianne Willemer verlassen hat und auch im folgenden Jahr nicht mehr zu ihr zurückkehrt, nicht nur, weil die Achse des Wagens bricht, wird er mit einigen Gedichten das »Buch der Liebe« und »Das Buch Suleika« beenden. Aus der Trennung entstehe Genuß, hat Hafis gesagt. Für Goethe entsteht aus der Trennung Genuß und »unglückliches Glück«, wie das Gedicht »Vollmondnacht«, das er einige Tage nach dem letzten Augenblick zwischen den beiden niederschreibt. Die letzte Strophe lautet:

Dein Geliebter, fern, erprobet
Gleicherweis’ im Sauersüßen,
Fühlt ein unglücksel’ges Glück.
Euch im Vollmond zu begrüßen,
Habt ihr heilig angelobet,
Dieses ist der Augenblick.
»Ich will küssen! Küssen! sag’ ich.«

Wissend oder ahnend, daß sie sich nicht mehr wiedersehen werden, haben sie einander geschworen, bei Vollmond aneinander zu denken, was für sie schmerzliche Erinnerung sein wird, für ihn ein unglückseliges Glück, denn der Blick zum Mond erlaubt fernes Gedenken.

Selbst mehr als zehn Jahre später, als Goethe sich im Sommer 1828 nach dem Tod von Herzog Carl August nach Dornburg zurückzieht, sendet er ihr von dort eigenhändig niedergeschrieben das Gedicht »Dem aufgehenden Vollmonde«.

Willst du mich sogleich verlassen?
Warst im Augenblick so nah!
Dich umfinstern Wolkenmassen,
Und nun bist du gar nicht da.

Doch du fühlst, wie ich betrübt bin,
Blickt dein Rand herauf als Stern!
Zeugest mir, daß ich geliebt bin,
Sei das Liebchen noch so fern.

So hinan denn! hell und heller,
Reiner Bahn, in voller Pracht!
Schlägt mein Herz auch schmerzlich schneller,
Überselig ist die Nacht.

Aber da ist die Entfernung zwischen beiden schon so groß, daß auch der Mond sie nicht überwinden kann.

In Frankfurt feiert man alljährlich am 28. August den Geburtstag des großen Abwesenden, teilt es ihm nach Weimar mit, so auch im August 1824, als Marianne Willemer schreibt:

»Ganz so wie damals, aber einer fehlt!«

Geschenke wandern noch hin und her, vor allem aus dem Süden nach Weimar. Im September 1829 schickt Marianne Willemer aus Baden-Baden, wo sie wieder mal zur Kur weilt, einen Glaspokal, auf dem vier Ansichten der Bäderstadt an der Oos eingraviert sind, damit er sehen kann, was er leibhaftig zu sehen versäumt hat.

Sonst ist es vor allem Wein, der nach Weimar geht, den der geliebte Dichter aus jenem Pokal aus Baden-Baden trinken kann. Und Senf. Und Artischocken, jene Distelgewächse, die man geschickt entblättern muß, um an das Herz zu gelangen. »Also abermals Artischocken«, schreibt Goethe im Oktober 1824 nach Frankfurt, unterzeichnet »Treu anwesend Goethe«.

Aber da fehlt er schon lange, und kein Weg führt mehr zurück. Nur ihre Briefe, die sie ihm nach Weimar geschickt hat, finden den Weg zurück. Drei Wochen vor seinem Tod packt Goethe sie in ein Kästchen, schickt sie nach Frankfurt,

Vor die Augen meiner Lieben
Zu den Fingern, die's geschrieben.

Einen Tag nach Goethes Ableben teilt Eckermann »aus eigenem Antrieb« ihr den Tod des Geliebten, des Dichters mit.

Trieblitz ist ein Weiler in Nordböhmen. Er liegt bei Lobositz, Triblice heute. Hier war Goethe nicht, obwohl in Trieblitz seine letzte große Liebe, die junge Ulrike von Levetzow, lebte. Am 5. September 1823 hat er sie zum letzten Mal gesehen, in Karlsbad. Zwei Wochen zuvor hatte er in Marienbad bei ihrer Mutter Amalie von Levetzow um ihre Hand anhalten lassen. Die Familie war daraufhin nach Karlsbad gefahren. Und Goethe fuhr hinterher, quartierte sich im selben Haus wie die Levetzows ein, machte dem Mädchen weiter den Hof. Aber die siebzehnjährige Ulrike wollte den vierundsiebzigjährigen Goethe nicht heiraten. Am 5. September bestieg der Dichter die Kutsche, fuhr über Hartenberg und Eger nach Weimar zurück. Auf der Fahrt schrieb er mit der »Marienbader Elegie« eins seiner innigsten Gedichte.

Ulrike von Levetzow fuhr mit ihrer Mutter und den beiden Schwestern wenige Tage später auf das Gut Trieblitz. Diesmal fuhr Goethe nicht hinterher. Er hat Trieblitz nie gesehen, und er hat Ulrike von Levetzow nie mehr gesehen, obwohl er sie hätte wiedersehen können, in Trieblitz, in Berlin oder gar in Weimar. Amalie von Levetzow hat ihn mehrfach eingeladen, und sie war gar mit ihren Töchtern nach Weimar gekommen. Aber Goethe wollte Tochter Ulrike nicht mehr sehen.

Auch nach Marienbad oder Karlsbad, das nicht ganz eine Tagesreise von Trieblitz entfernt ist, ist Goethe nicht mehr gefahren. Siebzehn Mal hatte er die böhmischen Bäder besucht. 1823 war es das letzte Mal. Es war seine letzte größere Reise. Und da er nicht kam, weder nach Karlsbad noch nach Marienbad, schickte man ihm aus Trieblitz Fasanen und andere Geschenke.

Auch den Sommer 1806 hatte Johann Wolfgang von Goethe in Karlsbad verbracht, wie einige Sommer zuvor seit 1785. Er suchte dort aber nicht nur Gesundheit, er suchte vor allem gesellschaftlichen Umgang, den er zu Hause in Weimar nicht hatte, weil dort die Leichtigkeit und die Eleganz eines Kurorts fehlten.

»Der Kur wegen reise ich nicht in die Badeörter, ich lebe hier sehr angenehm, die reine Luft und der Umgang mit liebenswürdigen Personen erheitern meine Tage.«

In den böhmischen Bädern von Teplitz und Karlsbad gab sich der europäische Adel ein sommerliches Stelldichein. Es wimmelte nur so von Fürsten, Grafen, Ministern. In diesem Jahr 1806 findet man Goethe in der Gesellschaft des Fürsten von Reuß, der russischen Fürsten Narischkin und Putiatin, Heinrichs des XIII., des Grafen Lepel, der Fürstin Lubomurska, der Fürstin Solms. Karlsbad ist auch ein Treffpunkt schöner Frauen, eine Verjüngungskur für Goethe. Eine fällt ihm in diesem Jahr besonders ins Auge, Amalie von Levetzow. Sie ist neunzehn Jahre alt, verheiratet mit dem mecklenburgischen Hofmarschall Otto von Levetzow, und sie hat eine Tochter, die zweijährige Ulrike.

Im Tagebuch notiert er nur den Namen, Amalie von Levetzow, setzt ohne weiteren Hinweis »Pandora« hinzu. Warum Goethe im Angesicht dieser Frau an Pandora denkt, an die Frau, die Zeus als Plage der Menschheit erschaffen hat, die in ihrer Büchse alle Übel mitträgt und als einziges Gut die Hoffnung, das wissen wir nicht. Wir wissen, daß sich Goethe in dieser Zeit mit dem Gedanken trägt, die Geschichte der Pandora als Theaterstück zu schreiben.

An seine Frau Christiane, die wie immer in Weimar geblieben ist, schreibt er über Frau Levetzow, »ich bin eine Stunde mit ihr spazierengegangen und konnte mich kaum von ihr losmachen«.

Vier Jahre später sieht er in Teplitz, ebenfalls einem böhmischen Modebad der Zeit, Amalie von Levetzow wieder. Sie hat ein wenig von ihrer Schönheit und Attraktivität verloren. Sie hatte sich von ihrem erstem Mann getrennt, aber wieder einen von Levetzow geheiratet, hat neben Ulrike zwei weitere Töchter. Friedrich Wilhelm Riemer schreibt von ihr, sie sei ziemlich »zusammengegangen.« So erwähnt Goethe sie diesmal auch nicht in seinem Tagebuch. Er hat Augen für andere Frauen, für die Fürstin Solms, die oft die schönste Frau ihrer Zeit genannt wurde, und vor allem für die österreichische Kaiserin Maria Ludovica. Erst 1821 trifft er Amalie von Levetzow wieder, in Marienbad. Der Kurort ist gerade erst um die Marienquelle herum entstanden, die im Volksmund wegen ihres hohen Schwefelgehalts »Der Stinker« genannt wird. Goethe hatte schon ein Jahr zuvor den Ort kurz kennengelernt. Er war begeistert, schrieb an Herzog Carl August:

»Mir war als wäre ich in den nordamerikanischen Wäldern, wo man in drei Jahren eine Stadt baut. Der Plan ist glücklich und erfreulich, die Ausführung streng ... Fertige Häuser, aufzubauende, unter Dach, aus dem Grunde kaum hervor, alles ist lebendig.«

Ende Juli 1821 fährt er von Weimar in die lebendige Stadt, nimmt Quartier in einem der Neubauten, im Haus des Grafen Klebelsberg. Amalie von Levetzow hat den Grafen, nachdem ihr zweiter Mann gestorben ist, zum Lebenspartner gewählt.

Ihre Eltern, die von Brösigkes, die Goethe seit Jahrzehnten kennt, verwalten das Pensionshaus und betreuen die Gäste. Amalie von Levetzow wohnt selbst dort. Aber nun hat auch ihre Tochter, die siebzehnjährige Ulrike, neben der Mutter die Gunst des Dichters gewonnen. Jamais deux sans trois, sagt der Franzose. Auf der Terrasse vor dem Haus ist Goethes Lieblingsplatz. Dort sitzt er mit der Mutter, mit der Tochter. Auch auf den Spaziergängen begleiten sie ihn. Sie hat einen leichten elsässischen Akzent, denn sie kommt gerade aus einem Internat in Straßburg. Goethe mag sich an ein anderes Mädchen erinnern, in das er sich einst verliebt hatte, als er selbst noch jung war, an Friederike Brion. Zehn Jahre zuvor hatte er sich an diese Liebesgeschichte erinnert, als er sie in »Dichtung und Wahrheit« niederschrieb. Jetzt sitzt er als alter Mann, der sein Alter nie wahrhaben will, neben einem Mädchen, das fast im selben Alter ist wie damals Friederike.

Goethe verjüngt sich, spielt das Liebesspiel, das er immer gern gespielt hat, solange es ein Spiel bleibt. Er schenkt Ulrike Bergkristalle, die er in der Umgebung von Marienbad aus den Bergen geklopft hat. Da sie das wenig interessiert, steckt er ihr Schokolade zu, macht Pfänderspiele mit ihr. Er widmet ihr ein Exemplar der »Wanderjahre.« Sie hat noch nie etwas von ihm gelesen, weiß nicht, welch berühmter Dichter sie umgarnt. Der fühlt sich wohl, umsorgt und umgeben von der Anmut des jungen Mädchens in der Gegenwart der attraktiven Mutter. Man feiert im Haus Brösigke. »Selbst Goethe tanzte«, berichtet Carl Friedrich Anton von Conta an seine Frau. An seinen Sohn August schreibt Goethe von der »recht artigen Ulrike«, und als er von Marienbad Abschied genommen hat, »von der neuen Ulrike ward mit einigem Bedauern geschieden«.

Goethe hat kein anderes Reiseziel mehr als Marienbad, auch weil er Ulrike von Levetzow dort weiß. Schon im Juni des Jahres 1822 nimmt er wieder Quartier im Haus Brösigke. Diesmal ist Mutter von Levetzow mit ihren drei Töchtern da.

Seinem Freund Zelter berichtet Goethe:

»Herrlich Quartier, freundliche Wirte, gute Gesellschaft, hübsche Mädchen, musikalische Liebhaber, angenehme Abendunterhaltung, köstliches Essen, neue bedeutende Bekanntschaften.«

Goethe fehlt es an nichts, um glücklich zu sein. Auch der Polizeispitzel Ignaz Kopfenberger kann das feststellen und berichtet nach Wien; schließlich ist Goethe ja auch Minister. Tagsüber mineralogisiere Goethe fleißig und unermüdlich, zu welchem Ende er jederzeit mit einem Hammer versehen sei, abends, so fährt der Spitzel fort, erscheine er an der Seite von Ulrike von Levetzow, die ihn entweder mit Gesang oder scherzhaften Gesprächen unterhalte.

»Das Töchterchen«, so nennt Goethe Ulrike, verjüngt den alten Goethe, und das ist die Kur, die ihm immer guttut. Aber er hat eine gefährliche Neigung zu dem Mädchen. An J. H. Meyer schreibt er nach Weimar, er stehe in Gefahr, eine neue Verbindung einzugehen.

»Liebesschmerzlicher Zwiegesang unmittelbar nach dem Scheiden« überschreibt er das Gedicht »Äolsharfen«, das auf der Rückfahrt von Marienbad im Reisewagen entsteht. Äolsharfen sind aufeinander abgestimmte Windharfen, die einander antworten wie in diesem Gedicht ein Er und eine Sie. Es ist ein Wechselgesang, der ein Miteinander auch in der Ferne in sich trägt.

Er

Ich dacht', ich habe keinen Schmerz,
Und doch war mir so bang ums Herz,
Mir war's gebunden vor der Stirn
Und hohl im innersten Gehirn. -
Bis endlich Trän auf Träne fließt,
Verhaltnes Lebewohl ergießt -
Ihr Lebewohl war heitre Ruh,
Sie weint wohl jetzt und auch wie du.

Sie

Ja er ist fort, das muß wohl sein!
Ihr Lieben, laßt mich nur allein,
Sollt' ich euch seltsam scheinen,
Es wird nicht ewig währen!
Jetzt kann ich ihn nicht entbehren
Und da muß ich weinen.

Er

Zur Trauer bin ich nicht gestimmt,
Und Freude kann ich auch nicht haben:
Was sollen mir die reifen Gaben,
Die man von jedem Baume nimmt!
Der Tag ist mir zum Überdruß,
Langweilig ist's, wenn Nächte sich befeuern;
Mir bleibt der einzige Genuß
Dein holdes Bild mir ewig zu erneuern,
Und fühltest du den Wunsch nach diesem Segen,
Du kämest mir auf halbem Weg entgegen.

Sie

Du trauerst, daß ich nicht erscheine,
Vielleicht entfernt so treu nicht meine,
Sonst wär mein Geist im Bilde da.
Schmückt Iris wohl des Himmels Bläue?
Laß regnen, gleich erscheint die Neue.
Du weinst! Schon bin ich wieder da.

Er

Ja, du bist wohl an Iris zu vergleichen!
Ein liebenswürdig Wunderzeichen.
So schmiegsam herrlich, bunt in Harmonie
Und immer neu und immer gleich wie sie.

»Ich dacht, ich habe keinen Schmerz.« Hat Goethe zum ersten Mal seit frühester Jugend Liebeskummer, Liebesschmerz? Warum hat er Abschied genommen, warum ist er nicht bei ihr geblieben? Ist womöglich auch nach Trieblitz gefahren, wo Ulrike von Levetzow zu Hause ist?

Drei Kurzgedichte erzählen von der Verwirrung, in die Goethe durch die Begegnung mit Ulrike gefallen ist.

Könnt ich vor mir selber fliehn!
Das Maß ist voll.
Ach, warum streb' ich immer dahin,
Wohin ich nicht soll.

Das ist eine späte Selbsterkenntnis Goethes über die Widersprüchlichkeit seiner Bewegung, vor allem wenn er die »Lieb im Leib« hat. Bisher ist er vor der Liebe geflohen, mit der ihn die

Frauen bedrängt haben, nachdem er Schritte auf sie zu getan hatte. Jetzt würde er gern vor sich selber fliehen. Aber das kann er nicht. Denn die Sache ist neu. Er liebt unter Schmerzen.

> Ach! Wer doch wieder gesundete!
> Welch unerträgliche Schmerzen!
> Wie die Schlange, die verwundete,
> Krümmt sich's im eignen Herzen.

Das dritte dieser kleinen Gedichte, die von Liebesverwirrungen erzählen, endet so:

> Man weiß nicht, soll man? Oder soll's verschieben?
> Nur wer sich kennt, der hat das Recht zu lieben.

Aber Goethe kennt sich nicht. Die Liebe überfällt ihn. Immer hat er gesagt, man solle nach innen schauen. Aber Goethe hat sich nie selbst gesehen. Jetzt, im Alter von dreiundsiebzig Jahren, beginnt er, sich selbst zu schauen, sich selbst zu kennen, vielleicht. Unter Schmerzen. Die Einsamkeit in Weimar seit dem Tod seiner Frau Christiane vor sechs Jahren hat ihn gefangen gehalten. Aber sein Nachdenken in der »Schmiede der Einsamkeit« hat ihn nicht zu sich selbst gebracht. Erst die aussichtslose Liebe zu einem jungen Mädchen stürzt Goethe in Selbstzweifel.

In Ulrike begegnet ihm das Bild einer Jugend mit dem schmerzlichen Bewußtsein, etwas versäumt zu haben, wozu es jetzt eigentlich zu spät ist, die Liebe, die er bis dahin als allumfassende Macht besungen hat, die er aber nie gelebt hat, die er geflohen hat mit Käthchen, mit Friederike, mit Lili, mit Auguste, mit Marianne und wie sie alle hießen. Und Christiane? Das war etwas anderes, vielleicht auch Liebe, oder nur schnell erloschene Leidenschaft und Alltag.

»Könnt ich vor mir selber fliehen!« Auch dafür ist es nun zu spät, er muß den Weg gehen, den sein Herz ihm weist, nicht die Vorsehung. Er kann nicht mehr vor sich selber fliehen und nicht vor der Liebe, wie er es so oft getan. Er liebt. Aber liebt auch Ulrike? Oder liebt sie nur als »Äolsharfe« in seinem Gedicht? Sie empfindet den alten Herren eher als Ersatzvater, denn einen wirklichen Vater hat sie kaum gehabt. Sicher wird sie auch eine gewisse Lolita-Koketterie gezeigt haben, der sich Goethe, der weiß, es ist der letzte Versuch, ausliefert. Diesmal hat er nicht nur einen Schritt auf die Frau zu getan. Es sind gleich mehrere, und er findet den Weg zurück nicht mehr, kann ihn nicht mehr gehen. Er kann sich die Liebe nicht mehr vom Leibe halten. Ohne Vorbedacht begibt er sich bedingungslos in die Unterwerfung durch die Leidenschaft, die ihm nicht nur Leiden schafft, die gar Herz und Körper bedroht.

In den Wintermonaten wächst sich die Neigung zur Sehnsucht aus. Im Januar 1823 antwortet er Ulrike von Levetzow auf einen heute verschollenen Brief noch väterlich, aber auch schon liebend:

»Wenn auch der liebende Papa seiner treuen schönen Tochter immer gedenkt, so war doch seit einiger Zeit ihre willkommene Gestalt lebendiger und klarer vor dem inneren Sinne als je ... Und also meine Liebste nehme ich Ihre töchterliche Gesinnung auch für die nächste Zeit in Anspruch. Mögen an ihrer Seite jenes Gebirgstal mit seinen Quellen so heilbringend werden und bleiben, als ich wünsche, Sie froh und glücklich wiederzufinden.«

Goethe, der mit »treu anhänglich« unterschreibt, erwähnt in dem Brief auch Ulrikes Mutter, nennt sie »einen glänzenden Stern meines früheren Horizonts«.

Am heutigen Horizont ist Ulrike der Stern, aber der leuchtet weit entfernt in Trieblitz, während er in Weimar die grauen Wintertage in Sehnsucht erleidet. Die Zeit bis zum Sommer ist noch lang. »Es krümmt sich im Herzen« hat er im Gedicht an Ulrike geschrieben, er leidet an Herz und Körper. Mitte Februar erkrankt Goethe schwer, er hat eine Herzbeutelentzündung, vielleicht nach heutigen Begriffen einen Herzinfakt. Die Ärzte teilen Kanzler Müller mit, die Chancen zur Heilung stünden zwei zu zehn. In ganz Deutschland sorgt man sich um den Dichter. In Jena wird er schon totgesagt. Aber mit einem Schluck seines geliebten Weins und mit Marienbader Wasser kehrt er wieder zum Leben zurück.

Am 23. März schreibt er an Zelter, seinen intimsten Brieffreund:

»Erstes Zeugnis erneuten Lebens und Liebens.«

Das Leben hat ihn wieder und die Liebe auch, die zu Ulrike? Die Ärzte raten ihm zur Kur in den böhmischen Bädern. Vielleicht wissen sie, welche Kur für den Alten am besten ist. Ende Juni fährt er in Begleitung seines Leibarztes nach Marienbad. Er quartiert sich diesmal in der »Goldenen Traube« ein, denn Herzog Carl August ist auch da, und der wohnt im Haus der Brösigkes. Ulrike ist noch nicht da, ihre Schwestern und ihre Mutter auch nicht, aber andere schöne Frauen und Mädchen. An Knebel nach Weimar schreibt er:

»Die Gesellschaft ist sehr gut, man kann sagen glänzend. Schöne Frauen machen sich bemerken, zu Wagen, zu Pferd, zu Fuß.«

Sie gehen unter Goethes Fenster auf und ab, hoffen, ihn zu sehen, oder rufen gar nach ihm, wie Lili Parthey, eine Schülerin

Zelters, in ihrem Tagebuch erzählt. Wird nach ihm gerufen, so erscheint er, im Schlafrock, begrüßt die Damen. Lili Parthey trifft ihn am selben Tag nochmals, notiert:

»Er wandte sich zu mir, ich stand ein paar Stufen höher, und sagte mit bewunderungswürdiger Kühnheit, Zelter hätte mir nicht nur einen Gruß aufgetragen, sondern auch, was sich darauf reimt. Er verstand das augenblicklich, und ich bekam einen sehr schönen … und dann sagte er gar, mein schöner Engel, Millionen Dank sage ich Ihnen. Dabei wollte er mir die Hand küssen, was ich natürlich nicht litt, sondern ihm ebenso natürlich den Mund hinhielt.«

Der Kuß einer jungen Frau macht den müden Mann munter und mutig. So animiert und gewiß, den jungen Frauen zu gefallen, wendet er sich in den Sommertagen 1823 wieder Ulrike von Levetzow zu, läßt dem neuen Leben und dem neuen Lieben seinen Lauf.

Täglich promeniert er an ihrer Seite, abends tanzt er oder sitzt mit den drei Töchtern auf der Terrasse des Brösigkeschen Hauses, wo er zwar nicht wohnt, aber ständig zu finden ist. Die Terrasse ist Bühne, an der ganz Marienbad in Sichtweite vorbeipromeniert. Man redet, man tratscht, man tuschelt, man macht sich seine Gedanken und verbreitet Gerüchte, so auch Caroline von Humboldt in einem Brief an ihren Mann:

»Man spricht hier viel von zwei Fräulein von Levetzow, ohne die man Goethen selten oder nie in Marienbad zu sehen bekäme. Sie hängen immer an seinen Armen. Man sagte vorige Woche sogar, er hätte die älteste geheiratet. Doch hoffe ich, sind solche Ideen dem dreiundsiebzigjährigen Goethe fremd.«

Caroline von Humboldt irrt, denn Goethe trägt in der Tat den Gedanken spazieren, die eine, die an seinem Arm hängt, zu heiraten. Die Gerüchte gelangen auch nach Weimar. Sohn und Schwiegertochter sind entsetzt, fürchten um ihr Erbe, schließlich ist die Frau, die der Vater heiraten will, jünger als sie. Auch die Briefe, die Goethe seiner Schwiegertochter schickt, deuten an, daß er verliebt ist:

»Es ist recht lustig, wenn die Enkel über des Großvaters Torheiten erstaunen und sie sich als wichtige Begebenheiten einprägen … Um keine leere Seite zu lassen, einige Fallsterne, wie sie in schöner klarer Nacht vorüber streifen.«

Der leuchtende Stern, der da vom Horizont herunterfällt und zum Gedicht wird, ist Ulrike von Levetzow.

Du hattest längst mir's angetan,
Doch jetzt gewahr ich neues Leben
Dein süßer Mund blickt uns gar freundlich an,
Wenn er uns einen Kuß gegeben.

Ursprünglich galt die erste Strophe mit dem süßen Mund und dem Kuß Lili Parthey, die ihn so aufgereizt hat, nun aber hat er kein Problem damit, daß der Fallstern, die Sternschnuppe Ulrike heißt. Sie hatte es ihm längst angetan. Er ist ihrer kindlichen Anmut völlig erlegen, wogegen er Jahre zuvor der Anmut ihrer Mutter noch nicht erlegen war. Diesmal ist Goethe überrascht vom Anschlag der Liebe. Er kann ihm nicht mehr ausweichen, so daß er tatsächlich Herzog Carl August bittet, bei der Mutter um Ulrikes Hand anzuhalten.

»Immer noch Mädchen?« soll der Herzog zu Goethe gesagt haben. Aber alles ist anders diesmal. Ulrike soll der Anker seines Alters sein. Sie soll seine »einsame Schmiede« in Weimar beleben, sie soll ihm die Angst vor dem Alter und vor dem Tod nehmen. Einmal will er lieben. Einmal liebt er.

Carl August willigt darin ein, zu Frau von Levetzow zu gehen. Warum er Goethe nicht davon abgehalten hat, die Brautwerbung zu tun, wissen wir nicht. So erscheint der Herzog feierlich mit allen Orden geschmückt bei Frau von Levetzow. Er soll ihr eine Position am Weimarer Hof angeboten haben und Ulrike eine stattliche Pension, wenn Goethe mal sterbe. Erst nahm Amalie von Levetzow das Ganze als einen Scherz, zumal die Werbung en famille stattfand. Schließlich wohnte man im selben Haus, und in dem war Goethe täglich Gast. Dann erschrak sie. Sie selbst war schließlich erst fünfunddreißig Jahre alt und damit immerhin achtunddreißig Jahre jünger als Goethe, ihre Tochter gar vierundfünfzig Jahre jünger als der Dichterfürst. Unmöglich! Und doch bittet sie um Bedenkzeit.

Jetzt, wo die Liebe einmal erklärt ist, die Brautwerbung getan, ist alles anders. Die Situation ist verfahren. Was bisher eher als sommerliches Spiel galt, ist plötzlich ernst. Wir wissen nicht genau, was in den Tagen nach der Brautwerbung geschehen ist. Goethes Tagesablauf bleibt äußerlich unverändert. In der Frühe arbeitet er ein wenig an »Wanderjahre«, diktiert seine Lebenschronik, liest Homer, dann ordnet er die Mineralien, die ihm sein Diener Stadelmann aus den Bergen bringt. Er notiert in Tabellen meteorologische Beobachtungen. Dann geht es auf die Promenade, zumeist in Begleitung von Ulrike, abends ist er auf dem Ball zu finden.

Eines Tages übersieht er Ulrike, als er durch Marienbad läuft. Aus der verpaßten Gelegenheit macht er ein Gelegenheitsgedicht für sie.

Du gingst vorüber? wie! ich sah dich nicht;
Du kamst zurück, dich hab' ich nicht gesehen -
Verlorner, unglücksel'ger Augenblick!
Bin ich denn blind? Wie soll mir das geschehn?

Doch tröst ich mich, und du verzeihst mir gern,
Entschuldigung wirst du mit Freude finden;
Ich sehe Dich, bist du auch noch so fern!
Und in der Nähe kannst du mir verschwinden.

Man kann das zweimalige, vielleicht absichtliche, unentdeckte
Vorübergehen an Goethe auch als einen Streich sehen, den Ulrike dem Alten spielen will, nach den Motto mal sehen, ob der
Blinde noch was sieht, zumal dann, wenn ihre beiden Schwestern dabeigewesen sein mögen. Aber Goethe ist es ernst. Diesmal will er die ferne Geliebte nah, will die ferne Geliebte nicht
so fern wie möglich, wie so oft. Goethe ist ein anderer in diesem Sommer 1823. Auch die Musik vermag jetzt seine Gefühle
zu wecken. Er schreibt an Zelter von der »ungeheuren Gewalt
der Musik auf mich in diesen Tagen.« Er hört die Sängerin Pau-
line Milder, kann sich der Tränen nicht erwehren. Auch die pol-
nische Pianistin Maria Szymanowska, die am Hof in Petersburg
lebt, rührt ihn mit ihrem Spiel. Zudem ist sie eine schöne Frau,
und für ihren Reiz ist Goethe empfänglich, auch wenn er die
Eine liebt. Er geht mit ihr spazieren, schreibt ihr das Gelegenheitsgedicht »Aussöhnung«, übersetzt es ihr selbst ins Französische, da sie kaum deutsch versteht.

Die Leidenschaft bringt Leiden! Wer beschwichtigt
Beklommenes Herz, das allzuviel verloren?
Wo sind die Stunden, überschnell verflüchtigt?
Vergebens war das Schönste dir erkoren!

Trüb' ist der Geist, verworren das Beginnen;
Die hehre Welt, wie schwindet sie den Sinnen!

Da schwebt hervor Musik mit Engelschwingen,
Verflicht zu Millionen Tön' um Töne,
Des Menschen Wesen durch und durch zu dringen,
Zu überfüllen ihn mit ew'ger Schöne:
Das Auge netzt sich, fühlt im höhern Sehnen
Den Götterwert der Töne wie der Tränen.

Und so das Herz erleichtert merkt behende,
Daß es noch lebt und schlägt und möchte schlagen,
Zum reichsten Dank der überreichen Spende
Sich selbst erwidernd willig darzutragen.
Da fühlte sich – o daß es ewig bliebe! –
Das Doppelglück der Töne wie der Liebe.

Goethe ahnt, daß die Leidenschaft, seine Leidenschaft, auch
Leiden schafft: Er lebt in der Ungewißheit, wie es nach der Werbung um Ulrike weitergehen wird. Die Musik ist da Trost für
ihn, aber sogleich »faltet« sie ihn auseinander, wie er an Zelter
schreibt. Sie kann das Herz besänftigen, und sie kann es öffnen
für die Liebe. Aber die, die er liebt, droht zu entschwinden.

Amalie von Levetzow will die Situation entschärfen. Sie
packt die Koffer der Familie. Und es scheint noch zu einer Aus-
sprache mit Goethe gekommen zu sein, notiert er doch in seinem Tagebuch:

»Die Frauenzimmer waren nicht abgereist. Mancherlei Wun-
derlichkeiten und Scherze wegen Mißverständnissen und Verirrung. Abends bei Tische, alles war ausgeglichen.«

Am folgenden Tag reist die Familie von Levetzow dann doch ab. Sie flieht vor dem, der sonst immer vor den Frauen geflohen war. Wenn man Goethes Tagebuchnotizen Glauben schenken darf, verabredet man ein Wiedersehen und »deshalb, man denn auch fröhlich auseinanderging.«

Mehr wissen wir nicht über die im Tagebuch erwähnten Verirrungen und Mißverständnisse. Hat man über den Heiratsantrag Goethes gesprochen? Hat man den als Mißverständnis und als Verirrung abgetan? Hat man wieder zurückkommen wollen zu dem Tag vor der Brautwerbung? Oder hat man darüber gar nicht gesprochen, hat so getan, als wäre nichts gewesen? Auf jeden Fall hat Mutter Levetzow Goethe nicht als Schwiegersohn akzeptiert. Und Ulrike? Im hohen Alter von dreiundachtzig Jahren, als sie unverheiratet in Trieblitz lebt, erinnert sie sich an den Sommer vor 65 Jahren, berichtet, sie habe zu ihrer Mutter gesagt, sie habe noch gar keine Lust zu heiraten und Goethe habe sie so lieb wie einen Vater, mehr aber nicht. Er selbst, Goethe, habe nie, weder mit ihr noch mit ihrer Mutter, über den Heiratsantrag gesprochen.

Wie es auch gewesen sein mag, die Familie von Levetzow verläßt Marienbad, aber nicht, um ins gut 100 km entfernte Trieblitz nach Hause zurückzukehren. Die Fahrt geht über Siehdichfür nach Karlsbad, eine knappe Tagesreise entfernt.

Am gleichen Tag noch schreibt Goethe an seine Schwiegertochter Ottilie ein wenig verschlüsselt von seiner Verzweiflung:

»Dein Schreiben, allerliebste Tochter, kam wie aus einer anderen Welt in dieses extemporierte Tagesinteresse, wo im Wirbel der verschiedensten Elemente sich ein gewisses Irrsal bewegt, das die Übel vermehrt, von welchen man sich befreien möchte. Denke nun zwischendurch viel Würdiges, das man erst erkennt, wenn es vorüber ist; so begreifst Du das Bittersüße des

Kelchs, den ich bis auf die Neige getrunken und ausgeschlürft habe.«

Caroline von Humboldt trifft Goethe am Tag, als die Levetzows abgereist sind. Sie schreibt an ihren Mann:

»Wie scheinbar kräftig der schöne Greis auch dastand, es kam mir doch vor, als sei sein irdisch Ziel nicht mehr fern. Sein Auge fand ich sehr verändert, nicht trübe, aber um die Pupille herum einen weiten blaßblauen Kreis – mir war, als suche das Auge ein anderes Licht und andere Sonnen.«

Caroline von Humboldt weiß nicht um die Tragik des Tages, aber sie sieht einen Goethe, der getroffen ist, der leidet. Die Hoffnung hat er jedoch nicht aufgegeben. An die Schwiegertochter schreibt er, »möge das alles werden, wie ichs denke und wünsche«. Auch Goethe verläßt Marienbad. Ohne Ulrike ist es menschenleer. Er fährt nach Eger. Dort führt die Straße nach Osten Richtung Karlsbad, die nach Nordwesten Richtung Weimar. Von dort schickt er »der allerliebsten« Ulrike mit dem »heiter Gesichtchen« Gitarrennoten, unterschreibt mit »diesmal ungeduldig Goethe.« Der ungeduldige Goethe nimmt an der Kreuzung in Eger den Weg nach Karlsbad, nicht den weiter nach Weimar. Er fährt Ulrike hinterher. Jahre zuvor war ihm eine Frau, die ihn liebte, von Frankfurt nach Heidelberg hinherhergereist. Nun reist er der, die er liebt und die ihn nicht liebt, hinterher. Drei Stunden dauert die Fahrt, zu lang für die Ungeduld der Liebe. Diesmal schreibt er kein Gedicht im Reisewagen.

In Karlsbad angekommen, nimmt er Quartier im »Goldenen Strauß«, eine Etage über den Levetzows.

»Nachts mit der Familie«, notiert er im Tagebuch und meint

damit Ulrike. Da man über den Vorfall, die Brautwerbung, nicht spricht, geht alles äußerlich weiter wie in Marienbad. Er promeniert mit ihr, zeigt ihr einen »Almanach und andere kleine Kupfer«, tanzt mit ihr, wo ihm beim »Damenwechsel die meisten hübschen Kinder in die Hand kamen.«

Am 28. August macht man gemeinsam eine Partie nach Elbogen. Man spricht nicht von Goethes Geburtstag. Die Familie tut so, als wisse sie nicht davon, schließlich will man den jugendlichen Liebhaber nicht an sein Alter erinnern. Und doch schenkt man ihm ein Trinkglas, in das die Namen aller drei Töchter eingraviert sind, nicht nur der von Ulrike, ein dezenter Hinweis. Der Name der Mutter fehlt. Als man von der Landpartie in Karlsbad zurück ist, erwarten die Ausflügler eine Geburtstagsserenade und ein Menschenauflauf. Jeder weiß von Goethes Geburtstag. »Tag des öffentlichen Geheimnisses« nennt Goethe den Tag gegenüber Amalie von Levetzow.

Goethe bleibt. Bis tief in die Nacht hinein sitzt er mit Ulrike zusammen. Aber die Mutter ist dabei. »Die jungen zeitig zu Bette. Blieb mit Frau von Levetzow und Ulriken in vielfachen Erinnerungen«, notiert er am Morgen im Tagebuch.

Nur Erinnerungen bleiben. Und Erinnerungen sind Schmerz. Eine Gegenwart gibt es nicht. Goethes Hoffnung, Ulrike doch noch zu gewinnen, ist zerronnen.

Er beschließt, Karlsbad zu verlassen. Er wird nach Weimar zurückkehren. Und er wird den Ort, wohin Ulrike zurückkehren wird, er wird Trieblitz nie sehen, und er wird Ulrike von Levetzow nie mehr sehen, obwohl die Familie ihn einlädt, nach Trieblitz, nach Berlin, sie gar nach Weimar kommt.

Am 5. September 1823 nimmt er »tumultarischen Abschied.« Er geht zu Fuß einige hundert Meter, besteigt erst dann die Kutsche. Kaum sitzt er, kaum fährt die Kutsche, da beginnt Goethe ein Gedicht zu schreiben, das später »Marienbader Elegie« genannt werden wird, dem er den Vorspruch aus dem »Tasso« geben wird:

> Und wenn der Mensch in seiner Qual verstummt
> Gab mir ein Gott zu sagen, was ich leide.

Wie immer ist Gott dem Dichter gnädig, und er findet die Worte der Qual schon auf der Fahrt nach Hartenberg. Erste Strophen des Abschiedsgedichts schreibt er im Reisewagen, in den Kalender des vorangegangenen Jahres und auf lose Blätter. Sie blicken zurück in die Idylle von Marienbad.

> So warst du denn im Paradies empfangen,
> Als wärst du wert des ewig schönen Lebens;
> Dir blieb kein Wunsch, kein Hoffen, kein Verlangen,
> Hier war das Ziel des innigsten Bestrebens,
> Und in dem Anschaun dieses einzig Schönen
> Versiegte gleich der Quell sehnsüchtiger Tränen.

> Wie regte nicht der Tag die raschen Flügel,
> Schien die Minuten vor sich herzutreiben!
> Der Abendkuß, ein treu verbindlich Siegel:
> So wird es auch der nächsten Sonne bleiben.
> Die Stunden glichen sich in zartem Wandern
> Wie Schwestern zwar, doch keine ganz den andern.

Weitere Strophen schreibt er auf dem Weg von Hartenberg nach Eger über die Stunde des Abschieds in Karlsbad.

> Der Kuß, der letzte, grausam süß, zerschneidend
> Ein herrliches Geflecht verschlungner Minnen.
> Nun eilt, nun stockt der Fuß, die Schwelle meidend,

Als trieb' ein Cherub flammend ihn von hinnen;
Das Auge starrt auf düstrem Pfad verdrossen,
Es blickt zurück, die Pforte steht verschlossen.

Aus Eger schreibt Goethe noch einmal an die Mutter, an Amalie von Levetzow, nach Karlsbad in heiteren Worten, hinter denen sich Schmerz und immer noch gehegte Hoffnung kaum verbergen.

»Doch wenn mein Liebling (wofür zu gelten sie nun einmal nicht ablehnen kann) sich wiederholen will, was sie auswendig weiß, das heißt das Innere meiner Gesinnung, so wird sich alles besser sagen als ich in meinem jetzigen Zustand vermöchte. Dabei, hoff' ich, wird sie nicht ableugnen, daß es eine hübsche Sache sei, geliebt zu werden, wenn auch der Freund manchmal unbequem fallen möchte. Alle Leute berufen mich über meine gesunde Heiterkeit, ich danke jedermann zum allerschönsten; Denn ich hör es gern, da es mich an alle die Heilmittel erinnert, durch die sie mir geworden ist. Sollte sie sich aufrecht erhalten, so bringe ich sie zur Quelle zurück, sollte sie sich verlieren, so weiß ich, wo ich sie wieder finden könnte … Der Tochter möcht ich noch sagen: daß ich sie immer lieber gewonnen je mehr ich sie kennen gelernt; daß ich sie aber kenne und weiß, was ihr gefällt und mißfällt, wünscht ich ihr persönlich zu beweisen, in Hoffnung glücklichen Gelingens.«

Aufgegeben hat der Dreiundsiebzigjährige das junge Mädchen noch nicht. Und er legt dem Brief sein Gelegenheitsgedicht »Aus der Ferne« bei.

Am heißen Quell verbringst du deine Tage
Das regt mich auf zu innerm Zwist;

Denn wie ich dich so ganz im Herzen trage
Begreif' ich nicht, wie du wo anders bist.

Trennung, Versagung und Verzicht sind für Goethe, da er sich immer noch nur wenige Stunden von ihr entfernt aufhält, in Eger, nicht faßbar. Wie einfach wäre es, den Weg nach Karlsbad zu nehmen. Er ruft sie vor seine Augen, sieht sie in den geliebten Wolken, die er an ihrer Seite in Marienbad beobachtet hat.

Wie leicht und zierlich, klar und zart gewoben
Schwebt, seraphgleich, aus ernster Wolken Chor,
Als glich' es ihr, am blauen Äther droben,
Ein schlank Gebild aus lichtem Duft empor;
So sahst du sie in frohem Tanze walten,
Die lieblichste der lieblichsten Gestalten.

Doch nur Momente darfst dich unterwinden,
Ein Luftgebild statt ihrer festzuhalten;
Ins Herz zurück, dort wirst du's besser finden,
Dort regt sie sich in wechselnden Gestalten;
Zu vielen bildet Eine sich hinüber,
So tausendfach und immer, immer lieber.

Er bannt sie ins Herz zurück, in die Einbildung. Und so nimmt er diesmal in Eger nicht den Weg nach Osten Richtung Karlsbad zu ihr, sondern den nach Westen, Richtung Weimar. Den Brief an die Levetzows, einen Tag zuvor, hatte er in ungewohnter Demut beschlossen:

»Und nun noch einen Hauptpunkt! Inständigst bitte mich wissen zu lassen, wenn Sie denn Ort verändern und Wohin. Was ich zunächst wünsche, läßt sich vielleicht erraten.«

Zunächst wünscht er schon ein Wiedersehen. Aber wo? Hofft Goethe, daß Ulrike von Levetzow ihm nach Weimar nachreist, hofft er, daß er ihr nach Karlsbad nachreisen kann? Hofft er, daß sie gemeinsam nach Marienbad gehen oder gar nach Trieblitz, wo Ulrike zu Hause ist?

Aber da ist Goethe schon unterwegs nach Hof, schreibt die Elegie im Reisewagen fort.

> Von ihrem Blick, wie vor der Sonne Walten
> Vor ihrem Atem, wie vor Frühlingslüften,
> Zerschmilzt, so längst sich eisig starr gehalten,
> Der Selbstsinn tief in winterlichen Grüften;
> Kein Eigennutz, kein Eigenwille dauert
> Vor ihrem Kommen sind sie weggeschauert.

> Es ist, als wenn sie sagte: »Stund' um Stunde
> Wird uns das Leben freundlich dargeboten,
> Das Gestrige ließ uns geringe Kunde,
> Das Morgende, zu wissen ist's verboten;
> Und wenn ich je mich vor dem Abend scheute,
> Die Sonne sank und sah noch, was mich freute.«

> Du hast gut reden, dacht' ich zum Geleite
> Gab dir ein Gott die Gunst des Augenblickes,
> Und jeder fühlt an deiner holden Seite
> Sich augenblicks den Günstling des Geschickes;
> Mich schreckt der Wink, von dir mich zu entfernen,
> Was hilft es mir, so hohe Weisheit lernen!

Auf der Fahrt von Hof nach Pößneck, der nächsten Station seiner Rückkehr nach Weimar, finden die nächsten Strophen zum

Gedicht. Es ist so, als ob die Bewegung weg von ihr die Elegie weiterdichtet.

> Nun bin ich fern! Der jetzigen Minute,
> Was ziemt denn der? Ich wüßt' es nicht zu sagen;
> Sie bietet mir zum Schönen manches Gute,
> Das lastet nur, ich muß mich ihm entschlagen;
> Mich treibt umher ein unbezwinglich Sehnen,
> Da bleibt kein Rat als grenzenlose Tränen.

> So quellt denn fort und fließet unaufhaltsam!
> Doch nie geläng's, die innre Glut zu dämpfen!
> Schon rast's und reißt in meiner Brust gewaltsam,
> Wo Tod und Leben grausend sich bekämpfen.
> Wohl Kräuter gäb's, des Körpers Qual zu stillen;
> Allein dem Geist fehlt's am Entschluß und Willen.

Als Goethe in Jena ankommt, er zögert noch, nach Weimar zurückzukehren, ist die Elegie beendet.

> Mir ist das All, ich bin mir selbst verloren,
> Der ich noch erst den Göttern Liebling war;
> Sie prüften mich, verliehen mir Pandoren,
> So reich an Gütern, reicher an Gefahr;
> Sie drängten mich zum gabeseligen Munde,
> Sie trennen mich, und richten mich zu Grunde.

So wie Goethe sich von Ulrike von Levetzow entfernt hat, hat er sich im Gedicht wieder erinnernd auf sie zubewegt, hat sie gleichzeitig ins Gedicht gebannt. Sie wird nun nicht mehr eine reale Geliebte sein. Da er Abschied von ihr nun auch im Gedicht genommen hat, kann sie eine ferne Geliebte sein, der Goethe nicht mehr wirklich begegnen muß.

Er ist real zugrunde gerichtet, am Ende angelangt, die Tragödie eines lächerlichen Mannes ist aus. Pandora hat ihr Werk getan, einen Menschen zu vernichten, aber noch einmal kann sie es nicht tun. Sie ist exorziert, sie ist im Gedicht aufgehoben. »Das Maß ist voll«, der Mensch, Goethe, ist gerichtet und geläutert.

Der Rest seines Lebens beginnt. Nun kann Goethe sich ganz dem Abschluß seines Werks widmen. Er wird nicht mehr lieben, er wird nicht mehr reisen. Er wird den zweiten Teil des »Faust« vollenden können.

Schon in Ulrikes Mutter hatte Goethe Pandora gesehen, als er sich ihr 1806 genähert hatte. Er hat sich von ihr wieder abwenden können. Sah er die Gefahr, die in ihr für ihn lauerte, als er sie Pandora nannte? Nun aber hatte er Pandora, die schönste aller Frauen, in Ulrike von Levetzow gesehen, konnte sich ihr nicht entziehen. Sie hatte wie Pandora in ihrem Köcher das Beste für den Menschen, für ihn, von dem er kostete, aber sie hatte auch die höchste Qual darin. Und die hat Goethe nun erleiden müssen, in dem Moment, als sie nein sagte und er verzichten mußte.

Ahnte er, als er Amalie von Levetzow sah, daß sie Verderben über ihn bringen könnte, ahnte er nicht, als er ihre Tochter sah, daß sie ihm die Leiden der Leidenschaft bringen würde? Hat sich Goethe fast zwanghaft in eine Leidenschaft gestürzt, die ihn zugrunde richten würde?

Nun ist die Elegie geschrieben, die Qual in Verse gefaßt und scheint damit gebannt. Goethe ist zurück in Weimar. Mißtrauisch belauert ihn die Familie. Sohn August hatte an seine Frau Ottilie geschrieben, als er seinen Vater nach der Rückkehr aus Böhmen sah:

»Der bewußte Name, das Wort Familie ist noch nicht genannt worden und ich fange an zu hoffen, daß alles gut gehen und sich die ganze Geschichte wie ein Traumbild auflösen werde.«

Goethe aber läßt die Familie und seine Umgebung noch im unklaren, wie die »Geschichte« ablaufen wird, ob er die mit dem bewußten Namen heiraten wird. In Weimar geht das Gerücht um, Ulrike von Levetzow werde mit ihrer Mutter den Winter hier verbringen, Klatsch und Tratsch blühen. »Die schöne Welt in Weimar hält sich über diese Liebschaft auf«, schreibt ein Durchreisender. Auch Charlotte von Schiller beteiligt sich daran, wenn sie ihrem Sohn berichtet, daß Goethe »in Böhmen ein Fräulein liebt« und daß er in »einem Alter von vierundsiebzig nicht unweise handeln« wird. Im Hause Goethe herrscht eine düstere Stimmung. Ottilie ist ständig krank, seitdem der Alte zurück ist, Sohn August spielt wegen der Heiratsgerüchte »den Pikierten«, wie Kanzler Müller feststellt. Der aber weiß, »die Geschichte« in Böhmen ist unglücklich beendet. Er schreibt in sein Tagebuch von der »Öde in Goethes Gemüt allenthalben« und von den »tiefen Wunden« der Trennung von Ulrike.

Als Maria Szymanowska, deren Klavierspiel und deren Schönheit ihn so gerührt hat, in Weimar ein Konzert gibt und bei Goethe zu Gast ist, erinnert er sich an die Tage von Marienbad. Wenige Tage später läßt er Kerzen bringen, seinen Sekretär Johann Peter Eckermann die »Elegie« lesen. Der schreibt auf:

»Er hatte die Verse eigenhändig mit lateinischen Lettern auf starkes Velinpapier geschrieben und mit einer seidenen Schnur in einer Decke von rotem Maroquin befestigt, und es trug also schon im Äußern, daß er dieses Manuskript vor allen seinem übrigen besonders werthalte ... Das Gedicht wälzt sich stets um seine eigene Achse und schien immer dahin zurückzukehren, wo her es ausgegangen. Der Schluß wunderbar abgerissen, wirkte durchaus ungewohnt und tief ergreifend.«

Eckermann erkennt die Bewegung, die dem Gedicht inne-
wohnt, das Entfernen von ihr und das Zurückkehren zu ihr in
der Erinnerung, bis Goethe plötzlich am Ende und am Ziel seiner Reise angelangt ist. Goethe selbst ist begeistert von diesem
Gedicht. Er legt es nur ausgesuchten Gästen in seinem Haus
vor, macht daraus eine heilige Handlung, läßt jedesmal Kerzen
anzünden. Es rührt übermäßig sein Herz, denn der Verzicht ist
noch nicht völlig überwunden. Und erst dann kann es Neues
Leben geben, wenn auch kein Neues Lieben mehr.

Wieder erkrankt Goethe schwer. Nach einem Gespräch mit
ihm schreibt Eckermann auf:

»Es scheint vielmehr, daß die leidenschaftliche Neigung, die er
diesen Sommer in Marienbad zu einer jungen Dame gefaßt und
die er jetzt zu bekämpfen sucht, als Hauptursache seiner jetzigen Krankheit zu betrachten ist.«

Da kommt Carl Friedrich Zelter, Goethes bester Freund in diesen Jahren, von Berlin nach Weimar, notiert in seinem Tagebuch:

»Komme nach Weimar, fahre vor, niemand kommt mir entgegen. Ich trete in die Tür, ein weibliches Gesicht guckt zur Küche
heraus, sieht mich, zieht sich wieder zurück. Stadelmann
kommt und hängt das Haupt, und zuckt die Schultern. Ich
frage, keine Antwort. Ich stehe noch an der Haustür: soll man
etwa wieder gehen? Wohnt hier der Tod? Wo ist der Herr? Trübe
Augen – Wo ist Ottilie? Nach Dessau – Der Kammerrat
kommt; Vater ist – nicht wohl; krank, recht krank – Er ist tot! –
Nein, nicht tot, aber sehr krank. Ich trete näher, und Marmor-
bilder stehn und sehn mich an. So steig' ich auf. Die bequemen
Stufen scheinen sich zurückzuziehen. Was werde ich finden?
Was finde ich? Einen der aussieht, als hätte er Liebe, die ganze

Liebe mit der Qual der Jugend im Leibe. Nun, wenn das ist, er soll davonkommen. Nein! Er soll sie behalten, er soll glühen wie Austernkalk, aber Schmerzen soll er haben, wie mein Herkules auf dem Oeta. Kein Mittel soll helfen, die Pein allein soll Stärkung und Mittel sein. Und so geschah's, es war geschehn. Von einem Götterkinde, frisch und schön, war das liebende Herz entbunden«.

Was war geschehen? Goethe hatte Kerzen anzünden und Freund Zeller die Elegie lesen lassen. Goethe war wieder wohlauf, das liebende Herz war entbunden.

In den acht Jahren bis zu seinem Tod wird Goethe sein Werk sichten und für die Ausgabe letzter Hand ordnen. Und er hat die Freiheit gewonnen, den Faust zu beenden.

Sonst das immergleiche Spiel. Briefe gehen hin und her, von Weimar nach Trieblitz, von Trieblitz nach Weimar. Man lädt ihn ein in das böhmische Dorf, in das Schloß, wo Ulrike mit der Mutter wohnt. Goethe kommt nicht. Die Levetzows laden ihn nach Berlin ein, wo die Familie sich ein halbes Jahr lang befindet. Er kommt nicht. Man verabredet sich in Dresden, wieder in Marienbad. Er hat eine Reise dorthin in Aussicht gestellt, schützt dann »vielfache Verhältnisse« vor, die ihn »hin- und hergezogen« haben. Am Ende bleibt er zu Hause. Die Levetzows kommen nach Weimar. An der Post geht er an ihnen vorüber. Er hat sie nicht gesehen. Brieflich darauf angesprochen, entschuldigt er sich bei Mutter und Tochter, kehrt einen alten Vers um, »ich ging vorüber? Wie! und ich sah dich nicht«.

Was bleibt? Briefe gehen weiter hin und her, Geschenke auch. Aus Trieblitz kommen Früchte, gelegentlich ein Fasan, wie aus Frankfurt Artischocken kommen. Und es bleibt der Trinkbecher, den ihm die Familie am »Tag des öffentlichen Geheimnisses« geschenkt hat.

An Amalie von Levetzow schreibt Johann Wolfgang von Goethe nach Trieblitz, wo er nie war:

»Indessen bleibt der zierliche Becher der Vertraute meiner Gedanken, die süßen Namenszüge nähern sich meinen Lippen. Ein trautes Anstoßen und so weiter. Unwandelbar Goethe«.

In der glücklichsten Zeit seines Lebens, in den vierzehn Monaten, die er in Rom verbracht hatte, zeichnete Johann Wolfgang
von Goethe mit Bleistift und Feder sein eigenes Grabmal.

Am 17. Februar 1788 teilte er Charlotte von Stein in Weimar
mit:

»Du schriebst neulich von einem Grabmal der Miß Gore bei
Rom. Vor einigen Abenden, da ich traurige Gedanken hatte,
zeichnete ich meins bei der Pyramide des Cestius. Ich will es gelegentlich fertig tuschen, und dann sollst du es haben.«

Heute befindet sich die Nachbildung einer Pyramide mit dem
Grab des im Jahre 12 v. Chr. gestorbenen Volkstribuns Cajus
Cestius nicht mehr bei Rom, sondern in Rom, vom Stadtver-
kehr umbraust. Vor gut zweihundert Jahren indes lag sie still an
der Stadtmauer, am Tor, das in die Campagna führt. Hier war
und ist bis heute der »Cimitero acattolico«, der Friedhof, auf
dem die nichtkatholischen Ausländer begraben wurden. Hier
ruhen die englischen Dichter John Keats (»Sleep on«), Percy
Bysshe Shelley, der Freiherr Siegmund von Reitzenstein (»ein
schönes Herz in schöner Seele«), zwei Söhne Wilhelm von
Humboldts, Malvida von Meysenbug (»Der Lebensabend einer
Idealistin«), der ungarische Tänzer Aurelio Miholy Milosz und
viele andere, die in Rom gelebt haben und gestorben sind.

Goethe liegt hier nicht begraben. Hier war er, hatte sein

Cestius-Pyramide
Bleistift, Tuschlavierung von Johann Wolfgang von Goethe, 1788

Grabmal gezeichnet. Hierhin kehrt er nicht zurück, um seine letzte Ruhe zu finden. Hier ist Goethe nicht. Aber ein anderer wird 1830 hier begraben werden.

Die Cestius-Pyramide mit den damals noch vereinzelten Gräbern an ihrer Westflanke ist für Goethe ein Ort gewesen, der ihn immer wieder magisch angezogen hat. Wenige Tage nach seiner Ankunft in Rom im November 1786 hatte er die Pyramide schon aufgesucht und dies an Herder nach Weimar vermeldet mit der Feststellung, er habe hier das Ziel seiner Wünsche erreicht. Er fährt fort:

»Was ich sagen kann und was mich am tiefsten freut ist die Wirkung, die ich schon in meiner Seele fühle, es ist eine innere Solidität mit der der Geist gleichsam gestempelt wird; Ernst ohne Trockenheit und ein gesetztes Wesen mit Freude. Ich denke, die gesegneten Folgen auf mein ganzes Leben zu fühlen.«

Nach der Cestius-Pyramide mit ihren Gräbern besucht Goethe auch am folgenden Tag Gräber, jene entlang der Via Appia und das Grab des Metellus, schreibt erneut an Herder zur Solidität des antiken Grabbaus, »diese Menschen arbeiteten für die Ewigkeit, es war auf alles kalkuliert«.

Es erstaunt, daß Goethe, der sonst allem, was mit Tod zusammenhing, eher den Rücken zugekehrt hat, in Rom sich ihm so zuwendet. Das Glück, das ihn hier umfängt, läßt ihn an ein Ende in Glück, an eine glückliche Dauer neben den stillen Mauern Roms im Schatten der Pyramide denken, und so wünscht er sich sein »Grab in Arkadien«.

Dulde mich Jupiter hier, und
Hermes führe mich später
Cestius mal vorbei, leise zum
Orkus hinab.

Nachdem Goethe Rom verlassen hat, scheint er seinen Wunsch, im Schatten und in Sichtweite der Pyramide begraben zu sein, vergessen zu haben. Krankheit und Tod flößen dem Dichter heftige Abneigung ein, und so flieht er immer ihre Gegenwart oder schließt sich ein und gegen sie ab, selbst dann, als der Tod in sein Haus kommt, als seine Frau Christiane im Todeskampf liegt. Aber je älter Goethe wird, und er überlebt dank seines hohen Alters viele, um so öfter ist er mit ihm konfrontiert. Doch gelingt es ihm immer, dem Tod der anderen auszuweichen. Einmal noch kommt er, wenn auch sehr versteckt, auf seinen Wunsch, in Rom begraben zu sein, zurück, als er dreißig Jahre später in »Die Italienische Reise« seinen zweiten römischen Aufenthalt erinnert.

»Meine kleinen Gedichte auf Hans Sachs und Miedings Tod schließen den achten Band und so meine Schriften für diesmal. Wenn sie mich indessen bei der Pyramide zur Ruhe bringen, so können diese beiden Gedichte statt Personalien und Parentation gelten.«

Gen Ende des römischen Aufenthalts ordnete Goethe seine bis dahin entstandenen Gedichte für den Druck, so auch das über Leben und Tod des Volksdichters Hans Sachs, dem Goethe sich derart verbunden fühlte, daß das Gedicht ihm als Parentation – als Grabrede – dienen könnte, wenn es da zum Schluß heißt:

So wird die Liebe nimmer alt,
Und wird der Dichter nimmer kalt.

Weil er so heimlich glücklich lebt,
Da droben in den Wolken schwebt.
Ein Eichenkranz, ewig jung belaubt,

Den setzt die Nachwelt ihm aufs Haupt;
Im Froschpfuhl all das Volk verbannt,
Das seinen Meister je verkannt!

Und im Gedicht auf Johann Martin Mieding, den Theatermeister in Weimar, ist zu lesen, was Goethe ebenso als Grabrede dienen soll.

Fest steh' dein Sarg in wohlgegönnter Ruh,
Mit lockrer Erde deckt ihn leise zu.
Und sanfter als des Lebens Bürde liege dann
Auf Dir des Grabes Bürde, guter Mann

Die Aufzeichnung des zweiten römischen Aufenthalts hat Goethe um 1820 verfaßt. Da war der Wunsch, das Land seines zeitweiligen Glücks nochmals zu besuchen, schon lange erstorben.

Er entfernt sich ja aus Weimar nur noch in die Umgebung oder im Sommer nach Böhmen. Ob die Sehnsucht, in Rom begraben zu sein, ihn wirklich noch bedrängt hat, wissen wir nicht. Spätestens zehn Jahre später wird sie völlig erloschen sein.

»Lange leben heißt gar viele überleben, geliebte, gehaßte, gleichgültige Menschen, Königreiche, Hauptstädte, ja Wälder und Bäume, die wir jugendlich gesäet und gepflanzt.«

Das schreibt Goethe im Winter 1822/23 nach der Genesung von seiner lebensbedrohenden Krankheit, als man den Dichter mancherorts schon totgesagt hat, an Auguste von Bernstorff, geborene zu Stolberg. Ihre beiden Brüder, mit denen er am Ende seiner Jugend in die Schweiz gereist war, waren kurz zuvor gestorben.

Vier Jahre später variiert er das Gesagte in einem Brief an Zelter, den Intimus seiner späten Jahre, als dieser ihm vom Tod seines »letzten« Sohns berichtet hatte:

»Das alte Märchen der tausendmal tausend und immer noch einmal einbrechenden Nacht erzählen sich die Parzen unermüdet. Lange leben heißt viele überleben, so klingt das leidige Ritornell unseres vaudevilleartig hinschludernden Lebensgangs. Es kommt immer wieder an die Reihe, ärgert uns und treibt uns doch zu neuem ernstlichen Streben.«

1816 hatte Goethe noch an Zelter geschrieben, als dessen jüngster Sohn gestorben war, »leider bleibt das immer die alte Leier, daß lange leben so viel heißt als viele überleben, und zuletzt weiß man dennoch nicht, was es hat heißen sollen.« Der Brief von 1827 deutet hingegen an, daß durch »ernstliches Streben« dem Leben über den Tod hinaus ein Sinn gegeben werden kann. Er führt das dann auch weiter aus:

»Wirken wir fort bis wir vor oder nacheinander von Weltgeist berufen in den Äther zurückkehren! Möge dann der Ewig Lebende uns neue Tätigkeiten, denen analog in welchen wir uns schon erprobt, nicht versagen! ... Die entelechische Monade muß sich nur in rastloser Tätigkeit erhalten. Wird ihr diese zur anderen Natur, so kann es ihr in Ewigkeit nicht an Beschäftigung fehlen. Verzeih diese abstrusen Ausdrücke.«

Was Goethe hier abstrus nennt, ist eine Lebenstheorie zum Tode, die er sich zurechtgedacht hat. Sie beruht auf der Idee, daß nach dem Tod ein anderes, ein zweites Leben beginne, aber nur für den, der sich strebend und wirkend durch ein Werk verewigt hat. Schon der Straßburger Student Goethe hatte an ein Weiterleben nach dem Tod geglaubt, und in seiner »Rede zum Shakespeare Tag« vom Oktober 1771 davon gesprochen, daß die »Schritte durch dieses Leben« nur »Bereitung für den unendlichen Weg drüben« seien.

Und Werther läßt der Dichter in dessen Abschiedsbrief ausrufen:

»Sterben! Was heißt das? Siehe, wir träumen, wenn wir vom Tode reden. Ich habe manche sterben sehen; Aber so eingeschränkt ist die Menschheit, daß sie für ihres Daseins Anfang und Ende keinen Sinn hat, jetzt noch mein, Dein! Dein, o Geliebte! Und einen Augenblick – getrennt, geschieden – vielleicht auf ewig? – Nein, Lotte, nein – Wie kann ich vergehen? Wie kannst Du vergehen? – Wir sind ja! Vergehen! Was heißt das? Das ist wieder ein Wort! Ein leerer Schall ... Sterben! Grab! Ich verstehe die Worte nicht!«

Der Tod währt nur einen Augenblick, dann beginnt ein neues Leben, in dem die Menschen, die einander lieben, sich wiedersehen. Hier ist Goethes zweite Welt nach dem Tod noch christlich gefärbt durch den Jenseitsgedanken. Ausgerechnet der evangelische Pfarrer Herder wird Goethe in seiner Schrift »Über die Seelenwanderung« eine Theorie an die Hand geben, die den christlichen Jenseitsgedanken ersetzt durch den einer Unsterblichkeit. Tod ist nur Übergang in neues Leben, Übergang der Seele zu einem anderen. Diese Verwandlung aber gelingt nur, wenn der Mensch seinen Teil zur Ewigkeit dazugetan hat, durch das schöpferische Tun, durch das Werk.

Und so lang du das nicht hast,
Dieses: Stirb und werde!
Bist du nur ein trüber Gast
Auf der dunklen Erde.

Ein solch trüber Gast aber wollte Goethe nicht sein. Und so lenkt er seinen Weg immer wieder im entscheidenden Moment weg von den Orten und den Menschen, die zwar für das Werk eine Funktion gehabt haben, die sich dann aber erfüllt hat.

»Wirken wir fort«, hatte Goethe an Zelter geschrieben, und das genau tut Goethe dann, wenn er fühlt, ihm ist ein neuer Weg vorbestimmt. Im Gespräch mit Eckermann im Februar 1829 soll Goethe gesagt haben:

»Die Überzeugung unserer Fortdauer entspringt dem Begriff der Tätigkeit; denn wenn ich bis zu meinem Ende rastlos wirke, so ist die Natur verpflichtet, mir eine andere Form des Daseins anzuweisen, wenn die jetzige meinem Geist nicht ferner auszuhalten vermag.«

Wenn aber die Natur der Verpflichtung nicht nachkäme, wenn es aber doch kein Leben nach dem einen gäbe, wenn der Glaube an die Fortdauer ein Selbstbetrug wäre?

Gibt es indes ein gesteigertes Leben nach dem Tod, dann braucht der Mensch nicht in Todesangst zu leben. Aber genau die hatte Goethe immer wieder verspürt. Und er hatte den Tod anderer von sich ferngehalten, hatte versucht, ihn nicht in sein Leben treten zu lassen, hatte hypochondrisch auf jeden Anfall von Krankheit in seiner Umgebung oder auf jedes Anzeichen eigenen Krankseins reagiert.

Da Goethe für seine Zeit sehr alt geworden ist, hat er, wie er an Zelter geschrieben hat, viele überlebt, und so ist der Tod immer wieder in sein Leben getreten.

Der Tod seiner Schwester im Juni 1777 im Alter von siebenundzwanzig Jahren, die er ein »geliebtes unbegreifliches Wesen« nennt, ist der erste Todesschock, den Goethe erleidet. Cornelia Goethe, die »weder mit sich einig war, noch werden konnte«, hatte den Frankfurter Advokaten Johann Georg Schlosser geheiratet und war mit ihm nach Emmendingen gegangen. »Ich sehe meiner fatalen Einsamkeit entgegen«, schreibt sie an Johanna Fahlmer. Die Einsamkeit ist wirklich fatal, tödlich, denn Cornelia erkrankt bald, wird schwermütig. An Auguste zu Stolberg schreibt sie ein halbes Jahr vor ihrem Tod, »und da schleiche ich dann ziemlich langsam durch die Welt, mit einem Körper, der nirgend hin als ins Grab taugt«.

So sehr Goethe seine Schwester geliebt hat, so nahe er sich ihr immer gefühlt hat, sobald aber der Schatten des Todes über ihr liegt, sie »nirgend hin als ins Grab taugt«, da hält er sich fern und schweigt. Als er die Todesnachricht erhält, schreibt er in sein Tagebuch »dunkler zerissener Tag«, macht aber keinen Schritt in ihre Richtung.

Goethe meidet den Tod in jeder Gestalt. Es gibt eine Ausnahme. Am 16. Januar 1778 begeht ein junges Mädchen, Christiane von Laßberg, Selbstmord in Weimar. Ihre Leiche wird von Goethes Dienern aus der Ilm gezogen. Sie soll ein Exemplar des »Werther« in der Tasche gehabt haben. Im Tagebuch notiert er:

»Ward Cristel v. Laßberg in der Ilm vor der Floßbrücke unter dem Wehr von meinen Leuten gefunden. Sie war Abends vorher ertrunken. Nachmittags beschäftigt mit der Toten, die sie herauf zu [Frau v. Stein] gebracht haben. Abends zu den Eltern«.

Selten hat er sich mit einem Toten so beschäftigt. Am Tag darauf im Tagebuch:

»Knebel blieb über Nacht bei mir. Viel über Cristels Tod. Das ganze Wesen dabei ihre letzten Pfade pp. In stiller Trauer einige

Tage beschäftigt um die Szene des Tods, nachher wieder gezwungen zu theatralischem Leichtsinn. Verschiedene Proben.«

Und dann schreibt er an Charlotte von Stein:

»Statt meiner kommt ein Blättchen. Da ich von Ihnen wegging, konnt ich nicht zeichnen. Es waren Arbeiter unten, und ich erfand ein seltsames Plätzgen, wo das Andenken der armen Christel verborgen stehen wird. Das war was mir heut noch an meiner Idee mißfiel, daß es so am Wege wäre, wo man weder hintreten und beten, noch lieben soll. Ich habe mit Jenztschen ein gut Stück Felsen ausgehöhlt, man übersieht von da, in höchster Abgeschiedenheit ihre letzten Pfade und den Ort ihres Todes. Wir haben bis in die Nacht gearbeitet, zuletzt noch ich allein bis in ihres Todes Stunde, es war eben so ein Abend … Diese einladende Trauer hat was gefährlich anziehendes wie das Wasser selbst, und der Abglanz der Sterne des Himmels aus beiden leuchtet, lockt uns. Gute Nacht, ich kanns meinen Jungen nicht verdenken, die nun nachts nur zu Dreien [seine beiden Diener und sein Mündel Peter] einen Gang herüberwagen, eben die Saiten der Menschheit werden gerührt, nur geben sie einen rohen Klang.«

»Es war eben so ein Abend.« So gut wie nie war Goethe da, wo ein Mensch begraben wurde, so gut wie nie war er da, wo ein Mensch begraben war. Immer hat er die Stätten des Todes gemieden. Nun aber war ein ihm unbekannter Mensch gestorben, und Goethe schaufelt diesem Mädchen eigenhändig eine Stätte des Gedenkens, einen Ort, wo »man lieben« kann.

War es, weil es ein von ihm selbst »literarisch« angeregter Tod war, wenn es stimmt, daß sie ein Exemplar des »Werther« mit sich trug? Übte diese nun tote Ophelia eine gleichsam erotische Faszination auf ihn aus? Oder war es, weil die Trauer »so einladend« war, so »anziehend wie das Wasser selbst«? Erinnerte ihr Tod Goethe an die eigenen Tode, die er nicht begangen hatte?

»Über die Tat oder Untat weiß ich nichts zu sagen. Wenn das taedium vitae den Menschen ergreift, so ist er nur zu bedauern, nicht zu schelten. Daß alle Symptome dieser wunderlichen, so natürlichen als unnatürlichen Krankheit auch einmal mein Inneres durchrast haben, daran läßt Werther wohl niemand zweifeln. Ich weiß recht gut, was es mich für Entschlüsse und Anstrengungen kostete, damals den Wellen des Todes zu entkommen, so wie ich mich aus manchem spätern Schiffbruch auch mühsam rettete und mühselig erholte.«

Das beichtet Goethe 1812 seinem Freund Karl Friedrich Zelter, spricht von »den schwarzen Probiersteinen des Todes«, nachdem er erfahren hat, daß sich Zelters Stiefsohn erschossen hat. Starben aber Goethe nahestehende Menschen, so war ihm ihr Tod nicht gleichgültig, das nicht, er litt große Qual, aber er versuchte den Tod wegzuschieben, ihn nicht zu Gesicht zu bekommen, indem er kranke Menschen, sterbende Menschen mied, standen sie ihm auch noch so nah.

Im Mai 1782 stirbt der Vater, Johann Caspar Goethe. Fünf Jahre zuvor hatte er den ersten Schlaganfall erlitten, war seitdem krank gewesen. Er war auf dem Weg der Besserung, als er die Nachricht vom Tod seiner Tochter Cornelia erhielt. Sein Zustand verschlechterte sich so, daß er zunehmend sein klares Bewußtsein verlor. Ein Jahr nach dem Schlaganfall besucht nicht der Sohn den Vater und die Mutter, sondern Herzogin Anna Amalia. Erst im September ist er selbst bei den Eltern, zusammen mit Herzog Carl August. Es ist, als ob er dem Vater zeigen wollte, daß er es zu etwas gebracht hat, auch gegen seinen Rat. Sie verbringen vier Tage im Elternhaus, bevor sie weiter in die Schweiz ziehen. Auch auf der Rückreise machen der Minister und sein Herzog in Frankfurt Station. Am 6. Januar 1780 sieht Johann Wolfgang Goethe seinen Vater zum letzten Mal. Aber da ist der schon »lebendig tot«, wie Johann Heinrich Merck schreibt. Zuvor hatte der schon Herzogin Anna Amalia berichtet, »dieser alte Mensch ist ganz inkorrigibel. Warum nur Gott solche Menschen läßt. Das mag ich nicht verantworten.« Der Sohn erträgt den Anblick des dahinsiechenden Vaters kaum. Er wird den Kranken nicht mehr aufsuchen. Auch zur Beerdigung wird er nicht nach Frankfurt kommen. Oft war es in den letzten Jahren, als der Vater noch gesund war, zum Streit zwischen Sohn und Vater gekommen, der es nie gern gesehen hatte, daß Johann Wolfgang nach Weimar gegangen war und sich in den Dienst eines Fürsten begeben hatte.

Auch der Lebenswandel des Sohns, der dem Vater als zu kostspielig erschien, behagte ihm nicht, so daß es zu oft kleinlichen Auseinandersetzungen wegen Geld und Erbe kam. So korrespondierte der Sohn mit dem Vater nur noch über die Mutter, der er inniglicher verbunden war als dem Vater, der das Leben des Sohns immer nach seinem Plan ausführen wollte, dem der sich schon früh versucht hatte zu entziehen. Und doch treiben den Sohn Gewissensbisse, wenn er die Mutter mehrfach ermahnt, gut für den kranken Vater zu sorgen, um den er selbst sich nicht kümmert. Der Vater stirbt am 25. Mai 1782, einen Monat, nachdem der Sohn geadelt wurde. Kein Wort des Sohns ist überliefert, das uns sagt, was er bei der Todesnachricht empfunden hat. Auch das Tagebuch gibt keinen Hinweis, das kurze Zeit danach für einige Jahre unterbrochen wird. Goethe bezieht im Haus am Frauenplan eine eigene Wohnung, preist in einem Brief an Carl August das neue Leben, das sorglose:

»Gestern habe ich einen herrlichen Morgen genossen. Ich stand um halb viere auf. Seitdem mein Garten mir ist, was er soll, Zufluchtsort; so hat er für mich einen unaussprechlichen Reiz. In einem neuen Hause breite ich mich aus und alles kommt in die schönste Ordnung. Dabei rekapituliere ich mein Leben, vergleiche die Epochen und setze das Charakteristische der Gegenwärtigen fest.«

An Knebel schreibt er gar, er sei vergnügter als jemals, und was nun geschehe, müsse er sich selbst zuschreiben. Der Tod des Vaters fällt zusammen mit der endgültigen Einrichtung des Sohns in Weimar. Der Schatten des Vaters über seinem Leben ist verschwunden. Er kann ein Haus haben, ein eigenes Leben führen.

Als die Mutter im September 1808 stirbt, erhält er die Nachricht davon in Weimar, wohin er gerade aus Böhmen zurückgekehrt ist. Kein Eintrag ins Tagebuch gibt Auskunft über seine Gefühle. Elf Jahre zuvor hat er sie das letzte Mal gesehen, als er in Frankfurt Station machte auf dem Hinweg zu seiner dritten Schweizer Reise. Kein Weg hatte ihn seitdem nach Frankfurt geführt. Jetzt ist sie gestorben, und seine Frau Christiane schreibt an ihren Sohn August, der gerade in Heidelberg ist, »nach Tische muß es deinem Vater gesagt werden. Er war ganz hin.«

Der Tod der Mutter trifft ihn tief, schließlich hat sie immer versucht, den Druck des Vaters zu mildern, hat Lebenslust und Freude in das Haus seiner Kindheit und Jugend gebracht. Aber seine innere Bewegtheit kann der Sohn kaum zeigen. Carl von Stein berichtet:

»Doch erinnere ich mich nur einmal, als eben seine Mutter gestorben war, daß er mir etwas herzlich sagte, indem er mich sehr ernst anblickte ›Lieber Carl, haben Sie denn nicht ein freundlich Wort für mich‹?«

An den Frankfurter Kaufmann Jacob Stock hatte er am Tag nach dem Erhalt der Todesnachricht geschrieben:

»Nur die Überzeugung, daß unsere teure Mutter von trefflichen und teilnehmenden Freunden umgeben war, konnte uns in der letzten Zeit beruhigen, in der wir menschlicher Weise bei ihrem hohen Alter ein herannahendes Ende befürchten mußten. Nehmen Sie deshalb den aufrichtigsten Dank, daß Sie unsere Stelle vertreten … Sobald wir erfahren, daß es Zeit ist, wird meine Frau sich auf den Weg machen.«

Der Sohn selbst wird nicht nach Frankfurt reisen, um das Grab der Mutter zu besuchen. Es sind für Goethe turbulente Tage, da der Kongreß von Erfurt bevorsteht und Napoleon den russischen Zar Alexander treffen soll. Goethe hat seine Unterredung mit dem französischen Kaiser und mit Talma, dem berühmten Schauspieler der Comédie Francaise. So wichtig die Ereignisse sind, sie werden Goethe auch gelegen gekommen sein, um nicht nach Frankfurt fahren zu müssen. Christiane indes ist dorthin gefahren. Und so berichtet er ihr nach Frankfurt von der Audienz Napoleons, zugleich aber ist er verstimmt darüber, daß sie auf der Reise zu der toten Mutter bestanden hat:

»Manchmal ist mir's verdrießlich, daß du so eigensinnig auf deiner Reise bestanden hast. Dann denk ich wieder: Es wird wohl gut ausfallen, da so vieles gut ausfällt.«

Acht Jahre später stirbt auch Christiane, seine Frau, nach kurzer schrecklicher Krankheit. In seinem Tagebuch vom 6. Juni 1816 ist zu lesen:

»Nahes Ende meiner Frau. Letzter fürchterlicher Kampf ihrer Natur. Sie verschied gegen Mittag. Leere und Totenstille in und außer mir.«

Kein Tod in seiner Nähe hat Goethe je so getroffen wie der seiner Frau. Sechs Tage hat der Todeskampf gedauert, nachdem sie plötzlich an einer Harnvergiftung erkrankt war. In diesen Tagen, in denen sie von entsetzlichen Krämpfen und Schmerzen geplagt ist, so daß ihre Schreie durch das Haus schallen, flüchtet er in sein Zimmer, legt sich ins Bett, wird seinerseits fieberkrank. Er läßt sie allein, läßt sie allein in seinem Haus sterben, meidet ihr Todeszimmer. Er kann nicht bei ihr sein, kann ihr nicht beistehen, kann ihren Todeskampf nicht ertragen. Im Tagebuch ist am Todestag weiter zu lesen:

«Ankunft und festlicher Einzug der Prinzessin Ida und Bernhards … Abends brillante Illumination der Stadt. Meine Frau um 12 Uhr nachts ins Leichenhaus. Ich den ganzen Tag im Bett.«

Das Haus ist leer. Am folgenden Tag ist Goethe »außer Bett«, und um vier früh des zweiten Tags wird Christiane von Goethe, geborene Vulpius, begraben. Er ist nicht dabei. Er schreibt.

Du versuchst, o Sonne, vergebens
Durch die düstern Wolken zu scheinen!
Der ganze Gewinn meines Lebens
Ist, Ihren Verlust zu beweinen.

Kennengelernt hatte Goethe Christiane Vulpius, als er im Sommer 1788 aus Italien nach Weimar zurückgekehrt war.

»Aus Italien, dem formreichen, war ich in das gestaltlose Deutschland zurückgewiesen, heiteren Himmel mit einem düsteren Vertauschen; die Freunde, statt mich zu trösten und wieder an mich zu ziehen, brachten mich in Verzweiflung.«

Das hat er viel später erst geschrieben, aber es beleuchtet seine Situation im Jahr der Rückkehr. Man verzieh ihm die Flucht nicht, vor allem Charlotte von Stein tat es nicht. In dieser Lage trifft Goethe auf Christiane, »Die Entbehrung war groß ... der Geist versuchte sich schadlos zu halten«, schreibt Goethe an gleicher Stelle weiter. Aber es ist weniger der Geist, der sich schadlos hält, es ist der Körper, der unter südlicher Sonne gelernt hat, Freude und Sinnlichkeit zu empfinden. Christiane Vulpius war zu Goethe gekommen, um für ihren Bruder um Unterstützung zu bitten. Sie ist dreiundzwanzig Jahre alt, als sie im Gartenhaus des Dichters ankommt. Sie wird bis zu ihrem Lebensende bei ihm bleiben.

> Laß dich, o Geliebte, nicht reun, daß du so schnell dich
>   ergeben,
> Glaub' es, ich denke nicht frech, denke nicht niedrig
>   von dir.

So beginnt die dritte der »Römischen Elegien«, denen Goethe zuerst den Titel »Erotica Romana« gibt und die er nach seiner Ankunft in Weimar geschrieben hat. Er vermischt in ihnen die Erfahrung der Stadt Rom mit seiner neuen Liebe zu Christiane, die er auch sein »Eroticon« nennt. Er schreibt die Elegien in der Tradition der antiken römischen Dichter Ovid und Properz, findet einen neuen, einen kühnen Ton. Das kennt man in Weimar von Goethe nicht. Man rät ihm ab, die Gedichte zu veröffentlichen, vor allem Herder. Charlotte von Stein schreibt an

Charlotte Schiller, sie habe für diese Art Gedichte keinen Sinn. Man empört sich in Weimar, vor allem, nachdem Friedrich Schiller sich traut, sie wegen ihrer »poetischen Schönheit«, wenn auch in einer gereinigten Fassung, in den »Horen« abzudrucken.

Karl August Böttiger, der Oberintrigant von Weimar gegen Goethe, meint, man müsse die »Horen« jetzt mit u statt mit o schreiben und die meisten Elegien seien bei Goethes Rückkunft im ersten Rausche mit der Dame Vulpius geschrieben. Weimar, das alte Weimar, das Goethe fluchtartig verlassen hatte, ist entrüstet, nicht nur wegen der Gedichte, sondern auch wegen Christiane, der ungebildeten, der unattraktiven, die sich den Dichter geangelt hat. »Kreatürchen« nennt Charlotte von Stein sie, Bettine von Arnim »Blutwurst.« Man meidet sie, man ignoriert sie, man beschimpft sie.

Christiane Vulpius schreibt an Goethe:

»Itzo gehen bei uns die Winterfreuden an, und ich will mir sie durch nichts verbittern lassen. Die Weimarer täten es gern, aber ich achte auf nichts ... Sie können einen gar nicht in Ruhe lassen.«

Aber der Dichter, den man auch spüren läßt, daß er sich mit dem Verhältnis zu ihr außerhalb der Weimarer Gesellschaft gestellt hat, hält zu seiner Freundin. Sie besorgt den Haushalt, kümmert sich um den gemeinsamen Sohn August. Sie macht den Dichter mit ihrem fröhlichen, natürlichen, umkomplizierten Wesen glücklich. Und doch entfernt sich Goethe oft von ihr, ist monatelang in Jena, ist in Karlsbad oder am Rhein und Main, denn oft kann er nicht schreiben, wenn sie im Haus ist, ihn umsorgt. Als er auf seiner dritten Reise in der Schweiz einen Baum sieht, um den sich Efeu geschlungen hat, ist ihm das ein Bild für den Zustand mit ihr, wie er ihn zeitweise empfindet.

Runzle die Stirne nicht tiefer, mein Freund, und höre gefällig,
Was mich gestern ein Baum, dort an dem Bache, gelehrt.
Wenig Apfel trägt er mir nur, der sonst so beladne;
Sieh, der Efeu ist schuld, der ihn gewaltig umgibt.

Soll ich nicht lieben die Pflanze, die, meiner einzig bedürftig,
Still, mit begierger Kraft, mir um die Seite sich schlingt?
Tausend Ranken wurzelten an, mit tausend und tausend
Fasern senket sie fest mir in das Leben sich ein.
Nahrung nimmt sie von mir; was ich bedürfte, genießt sie,
Und so saugt sie das Mark, sauget die Seele mir aus.

Wenn Goethe auch oft empfunden haben mag, was er hier in der
Elegie »Amynthas« durch das Bild des von Efeu umwundenen
Stamms bildhaft ausdrückt, so weiß er doch, daß die Liebe zu
Christiane sein Anker ist. Sie ist ihm einzig, und so endet die
Elegie:

Süß ist jede Verschwendung; o laß mich der schönsten
                                    genießen!
Wer sich der Liebe vertraut, hält er sein Leben zu Rat?

Wenn Goethe spürt, daß er im Haus und in der Liebe zu ihr zu
ersticken droht, dann fährt er nach Jena, bleibt dort Wochen,
Monate, um zu arbeiten. Christiane sitzt derweil in Weimar, wo
er nicht ist, wartet. Und sie schickt ihm nach Jena seinen geliebten Hammelbraten und den Wein.
   Als 1806 Napoleons Soldaten Weimar besetzen, sollen sie
auch in Goethes Haus eingedrungen sein und ihn bedroht haben, bis Christiane energisch dazwischengegangen ist. Zwei
Tage später schreibt er an den Konsistorialrat Wilhelm Christian Günther:

»Dieser Tage und Nächte ist ein alter Vorsatz bei mir zur Reife gekommen. Ich will meine kleine Freundin, die so viel an mir getan und auch diese Stunden der Prüfung mit mir durchlebte, völlig und bürgerlich anerkennen als die Meine.«

Tags darauf heiraten sie, und Johanna Schopenhauer schreibt ihrem Sohn Arthur, »ich denke, wenn Goethe ihr seinen Namen gibt, können wir ihr wohl eine Tasse Tee geben.« Und doch wird sie von der Weimarer Gesellschaft nie völlig akzeptiert werden, obwohl sie jetzt Frau Geheimrat ist. Der bleibt ihr treu bis zu ihrem Tod zehn Jahre später. An Sulpiz Boisserée schreibt er zwei Wochen nach ihrem Tod, als er den Verlust und seine Einsamkeit spürt:

»Leugnen will ich Ihnen nicht, und warum sollte man großtun, daß mein Zustand an die Verzweiflung grenzt.«

Lange leben heißt viele überleben, hat Goethe drei Monate vor Christianes Tod an Zelter geschrieben. Viele hatte er schon überlebt, jetzt gar seine um sechzehn Jahre jüngere Frau. Viele Tode werden noch an ihm vorbeiziehen, an dem, der den Tod so meidet. »Der Tod steht in allen Ecken«, notiert er einmal in seinem Tagebuch.

Er überlebt fast alle Frauen, die er geliebt hat, Käthchen Schönkopf, die 1810 stirbt, Friederike Brion, die 1813 in Meißenheim begraben wird. Lili von Türckheim, geborene Schönemann, stirbt 1817 in Krautgersheim, Charlotte von Stein 1827 in Weimar, Charlotte Kestner, geborene Buff, 1828 in Hannover. Marianne Willemer überlebt den Dichter, sie stirbt 1860 in Frankfurt, die ferne unbekannte Geliebte Auguste zu Stolberg 1835 in Kiel. Das Leben der wesentlich jüngeren Ulrike von Levetzow endet erst 1899 in Trieblitz.

Zu denen, die Goethe überlebt, gehört auch Friedrich von Schiller, der im Mai 1805 stirbt. Am Anfang des Jahres waren beide fast gleichzeitig krank geworden. Am 1. Mai besucht der kranke Goethe den kranken Schiller. Der stirbt am 9. Mai. Am Ende des Monats ist Goethe wieder gesund. An Zelter schreibt er:

»Ich dachte mich selbst zu verlieren, und verliere nun einen Freund und in demselben die Hälfte meines Daseins.«

Die gemeinsame Krankheit der ungleichen Brüder im Geiste und der Tod des einen werfen Goethe aus der Bahn und in eine Krise. Im selben Brief des nunmehr Sechsundfünfzigjährigen an Zelter ist zu lesen:

»Eigentlich sollte ich eine neue Lebensweise anfangen; aber dazu ist in meinem Leben auch kein Weg mehr. Ich sehe also jetzt nur jeden Tag unmittelbar vor mich hin, und tue das Nächste, ohne an eine weitere Folge zu denken.«

Johann Heinrich Voß berichtet von einem Gespräch mit Goethe, in dem er von Gefühlen tiefster Leidenschaft redete und Worte sprach, »die durch Mark und Bein gingen.« Er hat den Tod gesehen, den eigenen, den seines Freundes, und in dem wiederum seinen eigenen. Mehr als vier Wochen nach Schillers Tod und nach eigener Genesung ist Goethes Seelenfrieden nicht wiederhergestellt. Schillers Schwägerin Caroline von Wolzogen schreibt er Mitte Juni:

»Ich habe noch nicht den Mut fassen können, Sie zu besuchen. Wie man sich nicht unmittelbar nach einer großen Krankheit im Spiegel besehen soll; so vermeidet man billig den Anblick derer, die mit uns gleich großen Verlust erlitten haben.«

Noch Monate später traut Goethe sich nicht, Schillers Frau und dessen Schwägerin zu besuchen. Schillers Tod hat ihn getroffen, aber er sieht in ihm vor allem den eigenen Tod.

Als Christoph Martin Wieland im Januar 1813, kurz nach seinem achtzigsten Geburtstag, in Weimar stirbt, ist Goethes Erschrecken gemäßigt. Er hält sogar einen Monat später eine Rede zum Andenken des Dichters und Übersetzers, »Zu brüderlichem Andenken Wielands«.

Der Tod hat seinen Schrecken für Goethe ein wenig verloren, hat er doch seine Idee, daß es ein zweites Leben nach dem Tode für den gebe, der sich selbst verewigt, zu vervollkommen versucht.

An Wielands Begräbnistag führt er ein langes Gespräch mit Johann Daniel Falk, einem karitativ engagierten Schriftsteller, der seit 1798 in Weimar lebt und in diesem Jahr 1813 vier Kinder durch eine Fieberkrankheit verliert. Goethe spricht zuerst, so wie Falk es aufgezeichnet hat, über die Zeremonien des Todes:

»Ich habe mich wohl in acht genommen, weder Herder, Schiller, noch die verwitwete Frau Herzogin Amalia im Sarge zu sehen. Der Tod ist ein sehr mittelmäßiger Portraitmaler. Ich meinerseits will ein seelenvolleres Bild, als seine Masken, von meinen sämtlichen Freunden im Gedächtnis aufbewahren ... Die Paraden des Todes sind nicht das, was ich liebe. Zwar ist das Ausstellen von Leichen eine uralte, gute Gewohnheit und sogar nötig für das Volk und die öffentliche Sicherheit. Es beruht etwas darauf für die Gesellschaft, nicht nur, daß man weiß, daß ein Mensch, sondern auch wie er gestorben ist. Deshalb daß man überhaupt stirbt, läßt sich niemand ein graues Haar wachsen.«

Goethe in seinem Arbeitszimmer,
dem Schreiber John diktierend
Ölgemälde von Johann Joseph Schmeller, 1829–1831

Im weiteren Gespräch bekräftigt Goethe seine Idee vom Fort-leben des Menschen nach dem Tode.

»Von Untergang solcher hohen Seelenkräfte kann in der Natur niemals und unter keinen Umständen die Rede sein; so ver-schwenderisch behandelt sie ihre Kapitalien nie. Wielands Seele ist von Natur ein Schatz, ein wahres Kleinod. Dazu kommt, daß sein langes Leben diese geistig schönen Anlagen nicht verrin-gert, sondern vergrößert hat … Alle Monaden sind von Natur aus so unverwüstlich, daß sie ihre Tätigkeit im Moment der Auflösung selbst nicht einstellen und verlieren, sondern noch in demselben Augenblicke wieder fortsetzen. So scheiden sie nur aus den alten Verhältnissen, um auf der Stelle wieder neue ein-zugehen. Bei diesem Wechsel kommt alles darauf an, wie mäch-tig die Intention sei, die in dieser oder jener Monas enthalten ist … wie denn überhaupt, sobald man die Ewigkeit dieses Welt-zustands denkt, sich für Monaden keine andere Bestimmung annehmen läßt, als daß sie ewig auch ihrerseits an den Freuden der Götter als selig mitschaffende Kräfte teilnehmen … Ich bin gewiß, wie Sie mich hier sehen, schon tausendmal dagewesen und hoffe wohl noch tausendmal wiederzukommen.«

Mit dieser Theorie läßt sich der Schrecken des Todes mildern. Und Goethe, dem sonst jede metaphysische Spekulation zuwi-der war, vertraut jetzt auf eine solche, die es ihm erlaubt, dem Tod der anderen und seinem eigenen ruhig ins Auge zu schauen.

Zehn Jahre später, als Goethe fast tödlich erkrankt, aber wieder genest, nach heftiger Liebe zu Ulrike von Levetzow erneut er-krankt und genest, beginnen für ihn die Jahre zum Tod hin. Das weiß er, wenn er zu Eckermann sagt, »es ist aber jetzt keine Zeit mehr zum Irren.« Die Entsagung der Liebe, das Wissen um die begrenzte Zeit, die er in Einsamkeit verbringen wird, und das Wissen um die Notwendigkeit, sein Werk zu vollenden, führen dazu, daß er jetzt den »Faust« zu Ende schreibt. Und ebenfalls zu Eckermann:

»Wenn ich jetzt bis an mein Ende rastlos wirke, so ist die Natur verpflichtet, mir eine andere Form des Daseins anzuweisen.«

Und so wirkt Goethe rastlos, beendet nicht nur den »Faust zweiter Teil« arbeitet die »Wanderjahre« um, führt die Novelle »Der Mann von fünfzig Jahren« aus, schreibt »Die Novelle« und Gedichte wie »Der Bräutigam«, »Das Vermächtnis« oder »Parabel« und bereitet die »Ausgabe letzter Hand« seiner Werke vor, die bei Cotta erscheint. Zweimal noch wird das rastlose Wirken durch den Tod anderer, die ihm nahestehen, unterbrochen.

Am 14. Juni 1828 stirbt Herzog Carl August, fast einundsiebzig Jahre alt, auf Schloß Graditz bei Torgau. Er war Ende Mai zu einer letzten Reise nach Berlin aufgebrochen, wohnte im Stadtschloß des Königs Friedrich Wilhelm III. Zahlreiche Empfänge und Besichtigungen von Schlössern und Museen, von Künstlerateliers und Theateraufführungen erschöpfen den schon matten Kranken. Als er auf der Rückreise in Schloß Graditz nach Empfang und Essen sich erschöpft auf ein Sofa fallen läßt, entfährt ihm, so ein Augenzeuge, ein markerschütternder Schrei »Ach, daß Gott erbarm.« Er zündet sich noch eine Zigarette an, steigt die Treppen zu seinem Gemach hoch, an dessen Fenster der Herzog tot zusammenbricht. Die Nachricht von seinem Tod geht eilends nach Weimar. Kanzler Müller überbringt sie Goethe, der erschüttert sagt, »das hätte ich nicht erleben sollen.« Auch den Herzog Carl August, seinen Gönner, der sein Leben bestimmt hat, als er ihn nach Weimar geholt hat, hat er also überleben müssen.

Goethe fährt natürlich nicht seinem toten Freund und Gönner entgegen nach Graditz, wo er nie war. Die Leiche des Herzogs wird zuerst im Römischen Haus in Weimar aufgebahrt, von da überführt in die Hofkirche am Jakobsplan. Am 9. Juli wird der Großherzog Carl August in der Fürstengruft auf dem Friedhof beigesetzt. Auf der Trauerfeier trägt man Goethes Gedicht, das er dem Herzog zum fünfzigsten Regierungsjubiläum drei Jahre zuvor gewidmet hatte, in der Vertonung Zelters vor.

Laßt fahren hin das allzu Flüchtige!
Ihr sucht vergebens bei ihm Rat;
In dem Vergangenen lebt das Tüchtige,
Verewigt sich in schöner Tat.

Der Dichter aber war nicht hier. Er hatte die Trauerzeremonien organisiert, war bis zur Aufbahrung des Leichnams in der Hofkirche in Weimar geblieben, hatte es aber nicht über sich gebracht, den Toten auf dem Paradebett liegen zu sehen. Zwei Tage vor der Grablegung flieht Goethe aus Weimar, begibt sich nach Schloß Dornburg. »Vollkommen heiterer Himmel und große Wärme«, notiert er im Tagebuch, als er dort eintrifft, und Zelter gibt er den Grund seiner Flucht nach Dornburg an:

»Bei dem schmerzlichen Zustand des Inneren mußte ich wenigstens meinen äußern Sinn schonen und ich begab mich nach Dornburg, um jenen düsteren Funktionen zu entgehen, wodurch man, wie billig und schicklich, der Menge symbolisch darstellt, was sie im Augenblick verloren hat.«

In der Abgeschiedenheit des Schlosses, wo er oft zusammen mit Carl August gewesen war, gibt er sich »leidenschaftlich«, wie er Zelter berichtet, Naturbetrachtungen hin, schreibt Gedichte wie »Dem aufgehenden Vollmonde« in Gedanken an Marianne Willemer und »Früh wenn Tal, Gebirg und Garten.« Er genießt die Zurückgezogenheit und das Geworfensein auf sein eigenes Dasein. Nur der Wein fehlt ihm, so daß er seinen alten Diener Johann Paul Goetze bittet, einige Flaschen eines »leichten reinen Würzburgers« zu besorgen. Er bleibt in Dornburg, will nicht nach Weimar zurück, »denn wo soll ich soviel Aussicht und Einsicht sogleich wieder finden«, schreibt er von dort an Zelter nach Berlin. Schließlich kehrt er mehr als zwei Monate später nach Weimar zurück, berichtet seinem Sohn August:

»Ich habe hier viel getan und muß einen Abschnitt machen; blieb ich länger hier, so käme ich in Gefahr etwas Neues anzufangen, und da würde es gar kein Ende.«

Goethe ahnt, daß er nicht mehr lange genug leben wird, um etwas Neues anfangen zu können. Den Faust muß er beenden, das ist für ihn ein Wettlauf mit den ihm »zugemessenen Tagen«, wie er gegenüber Boisserée äußert.

Bevor seine ihm »zugemessenen Tage« zu Ende gehen und bevor er seinen »Faust« beenden kann, muß Johann Wolfgang von Goethe noch den überleben, der ihm am nächsten steht. Am 26. Oktober 1830 stirbt sein Sohn August in Rom. Er war Ende April des Jahres zusammen mit Eckermann nach Italien aufgebrochen. Drei Monate später trennen sich beider Wege in Genua, da wo Augusts Vater auf seiner Italienreise nie war. Eckermann reist über Genf und Frankfurt nach Weimar zurück. Er war in Mailand, wo er mit August von Goethe drei Wochen geblieben war, erkrankt. Dennoch reiste man weiter nach Venedig, von dort nach Mailand und Genua, eine seltsame Route, um nach Rom zu kommen. Es war aber nicht nur die Erkrankung, die Eckermann dazu bewegte, zurückzukehren, auch fühlte er wieder einmal das dringende Bedürfnis, nicht nur Goethes »Getreuer« zu sein, sondern etwas eigenes zu tun. Dazu kam, daß es schwer war, mit August von Goethe auszukommen. So reiste der allein weiter nach Rom.

August von Goethe hatte kein leichtes Leben in Weimar im Schatten des Vaters. Er wohnte mit Ottilie, seiner Frau, die ihn nicht liebte, im Haus des Vaters. Streit mit ihr war das tägliche Leben, und der war oft so laut und so heftig, daß sich der Alte in das Gartenhaus an der Ilm zurückzog. August tat alles, was man nicht tun sollte. Er sammelte Büsten von Napoleon, er liebte Schillers Verse mehr als die seines Vaters, er trank viel, allerdings wie sein Vater, jedoch auch mehr. Die Reise nach Italien war zugleich Abschiebung des Sohns durch den Vater, der hoffte, daß der, wie er selbst damals, als ein anderer, als ein neuer Mensch aus Rom zurückkehre. Und es war zugleich Flucht des Sohns aus seiner ausweglosen Lage in Weimar. »Ich will nicht mehr am Gängelbande/Wie sonst geleitet sein/Will lieber an des Abgrunds Rande/Von jeder Fessel mich befrein«, dichtet er. Eckermann, der gar nicht nach Italien wollte, war ein ungeeigneter Reisebegleiter, mag auf August auch wie ein vom Vater bestellter Aufpasser gewirkt haben. In seinem Brieftagebuch an den Vater in Weimar schreibt August von Goethe:

»Ich sitze in einem kleinen Zimmerchen am Kaminfeuer und erfreue mich der Vergangenheit wie der Zukunft. Ich habe Italien gesehen und genossen ... Es ist das erste Mal in 40 Jahren, daß ich zum Gefühle der Selbständigkeit gekommen.«

In Rom lebt August von Goethe in den Künstlerkreisen, in

Julius August Walter von Goethe
Öl auf Leinwand, H. E. Grünler, 1828

denen sich sein Vater schon wohl gefühlt hatte. Nur die Besetzung hatte sich geändert. Wilhelm Müller, der Dichter der »Winterreise«, war dort und der Maler Ernst Christian Friedrich Preller, der mit einem Stipendium des Herzogs am Tiber lebte. Man traf sich in den gleichen Osterien wie zu des Vaters Zeiten, und man trank viel Wein. In der Nacht des 26. Oktober 1830 stirbt August in den Armen des Malers Preller, der später den Vater auf dem Totenbett zeichnen wird. Man befand sich im Haus Georg August Christian Kestners, Charlottes Ehemann, der nun Gesandter in Rom ist. Kestner berichtet Kanzler Müller nach Weimar vom »Schlagfluß«, der August getroffen hat und davon, daß seine Leber fünfmal so groß gewesen sei, wie sie hätte sein müssen, daß es eine völlige Desorganisation des Gehirns gegeben habe, das mit der Kopfhaut zusammengewachsen sei. Müller antwortet Kestner:

»Ich ließ den Vater die Katastrophe mehr ahnen und selbst kombinieren, als das ich das Schreckenswort ausgesprochen hätte … Er bekannte, von Anfang an her einen üblen Ausgang befürchtet zu haben.«

Kaum kann der Vater seinen Schmerz und seine Tränen verbergen. »Man soll sich zu fassen wissen, und so ein äußeres Gleichgewicht erhalten, innerlich mag es stürmen, wie es will«, hatte er in »Wilhelm Meisters Lehrjahre« geschrieben. Aber diesmal gelingt es ihm nicht. Hat er doch nun fast alle überlebt und nun auch seinen eigenen Sohn. Ganz allein muß er jetzt seinem Tod entgegengehen. An Freund Zelter schreibt er:

»Nemo ante obitum beatus ist ein Wort, das in der Weltgeschichte figuriert, aber eigentlich nichts sagen will. Sollte es mit einiger Gründlichkeit ausgesprochen werden, so müßte es heißen: ›Prüfungen erwarte bis zuletzt‹. Dir hat es, mein Guter, nicht daran gefehlt, mir auch nicht, und es scheint, als wenn das Schicksal die Überzeugung habe, man seie nicht aus Nerven, Venen, Arterien und anderen daher abgeleiteten Organen, sondern aus Draht zusammengeflochten … Ich habe keine Sorge, als mich physisch im Gleichgewicht zu bewegen; Alles andere gibt sich von selbst.«

Drei Tage, nachdem er diesen Brief geschrieben hat, erleidet Goethe einen Blutsturz, erholt sich schnell und arbeitet um so fieberhafter weiter an der Vollendung des »Faust«.

Sohn August wird in Rom beerdigt. Von den deutschen Künstlerfreunden wird sein Sarg zum Friedhof neben der Cestius-Pyramide getragen, wo sein Grab noch heute nur die Aufschrift »Goethes Filius« trägt.

Ausgerechnet dort, wo der Vater so gern begraben sein wollte, findet der Sohn seine letzte Ruhe. August von Goethe liegt hier im Schatten der Cestius-Pyramide, der Vater Johann Wolfgang von Goethe ist hier nicht.

Im Dezember des Jahres schreibt Goethe wieder an Zelter:

»Wenn ich das Uhrwerk meiner Lebensbetriebe nicht gehörig in Ordnung hielte, so könnte ich in einem dergleichen leidigen Falle kaum weiterexistieren. Diesmal aber hat der Zeiger nur einige Sekunden retardiert, und nun ist alles wieder im alten mäßigen Gange. Das Ausbleiben meines Sohnes drückte mich, auf mehr als eine Weise, sehr heftig und widerwärtig; ich griff daher zu einer Arbeit, die mich ganz absorbieren sollte.«

Goethe beendet den letzten Teil von »Dichtung und Wahrheit«, und er arbeitet am »Faust«, den er am 22. Juli des folgenden Jahres auch wirklich vollenden kann. Er notiert im Tagebuch:

»Das Hauptgeschäft zu Stande gebracht. Letztes Mundum. Alles rein geschriebene eingeheftet.«

Gen Ende des »Hauptgeschäfts«, wie Goethe seinen »Faust« nennt, läßt er Faust kurz vor dem Tod sagen:

Nur der verdient sich Freiheit wie das Leben,
Der täglich sie erobern muß:

Nun hat Goethe sein Hauptgeschäft, den »Faust«, vollendet und lebt, ohne daß er täglich weiter wirken muß, um ein zweites Leben nach dem Tod zu erlangen, woran er geglaubt hat und noch immer glaubt? Im Gedicht »Vermächtnis« von 1829 hatte er es noch:

Kein Wesen kann zu Nichts verfallen!
Das Ew'ge regt sich fort in allen,
Am Sein erhalte dich beglückt!
Das Sein ist ewig; denn Gesetze
Bewahren die lebend'gen Schätze,
Aus welchem sich das All geschmückt.

Ein Jahr später jedoch, nach dem Tod des Sohns und nach einem Blutsturz, den er selbst erlitten hat, zitiert er in einem Brief aus den Episteln des Horaz, »mors ultima linea rerum est.« »Der Tod ist das letzte Ziel der Dinge.« Gibt es also das Leben nach dem Tod, an das Goethe so lange geglaubt hat, nicht mehr? Haben die Erfahrungen mit dem wirklichen Tod, der so oft an ihm vorübergegangen ist, seine Theorie in Frage gestellt? An Adele Schopenhauer schreibt er einige Monate nach dem Tod seines Sohns und dem eigenen Blutsturz:

»Und so war ich denn, … dem äußeren Anschein nach, schon mit den Fußzehen im Flusse des Vergessens, sollte aber diesmal doch die Barke nicht erreichen.«

Gut ein Jahr noch hat Goethe zu leben, bevor ihn Charon über den Fluß des Vergessens leiten wird.

Am 16. März 1832 notiert Goethe in seiner letzten Eintragung in sein Tagebuch, »den ganzen Tag wegen Unwohlsein im Bette zugebracht.« Er war zuvor in den ersten Frühlingstagen ausgefahren, hatte sich dabei eine Erkältung geholt.

Seinen letzten Brief, der Wilhelm von Humboldt gilt und in dem er noch mal von seinem Hauptgeschäft, dem »Faust« spricht, den er vor mehr als sechzig Jahren begonnen hatte, dessen Ende er aber niemandem vor seinem Tod zeigen will, endet Goethe so:

»Ohngeachtet meiner Abgeschlossenheit findet sich selten eine Stunde, wo man sich diese Geheimnisse des Lebens vergegenwärtigen mag.«

Das größte Geheimnis des Lebens, der Tod, ereilt Johann Wolfgang von Goethe gegen Mittag des 22. März 1832.

Sein Arzt Carl Vogel berichtet über den letzten Weg Goethes:

»Fürchterlichste Angst und Unruhe trieben den seit lange nur in gemessenster Haltung sich zu bewegen gewohnten mit jagender Hast bald ins Bett, bald auf den neben dem Bette stehenden Lehnstuhl … Um halb zwölf Uhr mittags drückte sich der Sterbende bequem in die linke Ecke des Lehnstuhls.«

Vier Tage später wird Goethe in der Fürstengruft, für die er selbst noch die Pläne zusammen mit dem Hofbaumeister Clemens Wenzeslaus Coudray erörtert hatte, bestattet. Herzog Carl August hatte angeordnet, die Fürstengruft als »etwas Einfaches, bloß ein dem Bedürfnis gewidmetes Totenmagazin zu errichten, das Gezierte wollen wir für die Wohnung der Lebenden sparen«.

Goethe ist also nicht neben der Cestius-Pyramide in Rom begraben, wo das Mondlicht sein Grabmal bescheint, wie er es vierundvierzig Jahre zuvor gezeichnet hat. Nein, hier ist Goethe nicht. Sein Sarg wird in der Fürstengruft, im Untergeschoß neben Schiller stehen, von wo nicht einmal die mit einem blauen Sternenhimmel bemalte Kuppel zu sehen ist. Hier ist Goethe.

INHALT